오래가는 소통

오래가는
소통

초판 1쇄 발행일 2015년 11월 3일
초판 3쇄 발행일 2016년 6월 5일

지은이 이경진
펴낸이 양옥매
디자인 최원용
교 정 조준경

펴낸곳 도서출판 책과나무
출판등록 제2012-000376
주소 서울특별시 마포구 월드컵북로 44길 37 천지빌딩 3층
대표전화 02.372.1537 **팩스** 02.372.1538
이메일 booknamu2007@naver.com
홈페이지 www.booknamu.com
ISBN 979-11-5776-113-5(03320)

이 도서의 국립중앙도서관 출판시도서목록(CIP)은 서지정보유통지원 시스템
홈페이지(http://seoji.nl.go.kr)와 국가자료공동목록시스템
(http://www.nl.go.kr/kolisnet)에서 이용하실 수 있습니다.
(CIP제어번호 : CIP2015029241)

THE COMMUNICATION
OF ENDURING

오래가는 소통

이경진 지음

책과나무

C·O·N·T·E·N·T·S

Chapter

03

상생하는 마음으로

예절 바른 마음으로

신뢰하는 마음으로

오래도록 통(通)하는 관계 스킬
스토리로 전하는 소통(疏通)의 기술
기업교육 전문가가 말하는 대인관계 스킬

함께하는 마음으로

'혼자'라는 단어에는 고독함과 외로움이 동시에 담겨 있다. 혼자 있기에 고독하고 외롭다는 사람도 있고, 오히려 혼자 있는 것이 마음 편하고 행복하다는 사람도 있다. 혼자라는 의미는 정적(靜的)이다. 여럿이 함께 어울리는 동적(動的)인 의미가 없다. 그래서 혼자라는 단어는 고독과 외로움을 상징하기도 한다. 물론 모든 사람이 다 그러한 것은 아니다.

고독은 혼자 있어도 그것을 온전히 즐긴다는 의미이고, 외로움은 함께하고 싶어도 함께할 사람이 없는 경우를 말한다. 결국 혼자 있어도 정적인 외로움이 있고 동적인 고독이 있으며, 여럿이 함께 있어도 동적인 외로움이 있고 정적인 고독이 있을 수 있다.

이 책에서는 혼자 놀기의 진수를 보여 주는 단수의 개념보다는 여럿이 함께 어우러지는 복수의 색채가 강하다. 즉, 혼자 어떻게 잘 먹고 잘 사는 생활에 대한 것이 아니라, 여럿이 함께 어울려 함께 어우러진 생활을 해야 한다는 내용이 주를 이룬다. 그것도 단기간 혹은 순간적으로 이해관계에 따라 관계를 달리하는 인연 나눔이 아니라 마치 포도주가 숙성되듯 시간이 흐르면 흐를수록 깊은 맛을 내는 오래가는 소통에 대한 기술을 다채로운 관점에서 이를 표현하고자 했다.

조직생활이나 단체 생활하는 사람들이 오래도록 한결 같은 마음으로 서로가 서로의 장단점을 포용하고 이해하면서 오래가는 소통을 나눌 수 있도록 하는 방법으로 글을 구성했다.

'어떻게 하면 오래도록 관계를 유지할 수 있을까?'에 초점을 두어 이 책을 집필했다. 특히 어떻게 하면 갈등이 조장되지 않는 상태에서 원활하게 오래도록 좋은 관계를 유지할 수 있을까에 대한 내용이 주를 이룬다. 특별히 혼자일 때 자기와 좋은 소통을 나누기 위해서는 어떻게 해야 하며, 타인과 서로 동반 성장하는 원원(win-win) 관계 속에서 오래도록 소통하기 위해서는 어떻게 하는 것이 바람직한가에 대한 내용을 경험 위주로 서술했다.

이 책은 소통을 유지하기 위해 어떻게 하는 것이 바람직한 것인가에 대한 내용을 다섯 가지로 구분하여 구성했다. 물론 하나가 전부이고 전부가 하나가 되기도 한다는 측면에서 결국에는 모두가 하나일 수 있지만, 독자들이 요약 정리하기 쉽도록 다섯 가지로 분류했다.

오래도록 소통하기 위해서는 첫째, 서로가 어진 마음을 가져야 한다. 이 어진 마음 안에는 반드시 사랑이라는 감정이 담겨 있어야 한다. 서로 사랑하는 마음이 있어야 오래도록 관계 한다는 것이다.

둘째, 관계가 윤리적·도덕적이어야 한다. 불법적인 관계나 비도덕적인 관계는 결코 오래갈 수 없기 때문이다.

셋째, 서로가 지혜를 겸비하고 있어야 한다. 둘 중 한 사람은 잘해야 한다. 그래서 상호 상보적(相補的)이어야 한다. 서로 지혜를 나누면서 동문수학(同門修學)하는 관계가 되어야 한다. 평생 배워야 하듯이 관계도 평생 학습해야 한다.

넷째, 예절을 잘 지키고 서로 간에 매너를 잘 지키면서 에티켓도 발휘해야 한다. 서로를 배려하면서 예의 바르게 행동하는 사람들은 오래도록 인연을 이어 가게 된다.

마지막으로 신뢰(信賴)다. 관계의 처음이자 끝은 바로 믿음에 있다. 모든 것이 다 잘되다가도 서로가 불신(不信)하기 시작하면 모든 것이 물거품이 되고 만다.

이상과 같은 다섯 가지 항목 이외에도 서로가 좋은 관계를 유지하기 위해서는 수없이 많은 방법이 있을 것이다. 중요한 것은 이 다섯 가지 방법이 전부는 아니더라도 이 중 어느 하나라도 잘못되면, 그로 인해 결국은 관계가 파행으로 치닫게 될 것이라는 점이다.

그런 점에 비춰 볼 때, 이 책에서 언급하는 다섯 가지 오래가는 소통의 비결은 관계의 씨앗이자 불씨다. 그러므로 오래도록 관계를 유지하고 싶은 사람이나 현재보다 더 나은 소통을 원하는 조직, 그리고 더불어 함께하는 사회생활 속에서 이해관계가 있는 사람들과 좀 더 행복하고 오래도록 관계를 지속하고 싶은 사람에게 많은 도움이 될 것이다.

모쪼록 이 책을 통해 소중한 사람과 맺어진 관계가 서로에게 행복과 보람을 주는 좋은 관계로 더욱 돈독해지고 더 성숙한 관계로 이어지기를 바란다. 또한 글로벌 무한 경쟁시대에서 살아남기 위해 각고의 노력을 기울이고 있는 기업에서 조직원들 간의 갈등으로 인해 생산성이 저하되고 경영시황이 악화되는 위기 속에서도 오래도록 서로가 소통을 한다면 제 아무리 큰 장애물도 능히 넘을 수 있을 것이다.

이렇게 책을 쓸 수 있는 시간을 할애할 수 있도록 도와주고 응원을 보내 준 딸 명회와 아들 현수에게 감사하는 마음 가득하다. 더불어 내 강의에 참여해 준 많은 기업체 임직원과 대학생 그리고 공무원들을 포함한 많은 지인들에게 감사를 전한다.

사실 그들 모두가 나에게 많은 타산지석(他山之石)의 교훈과 반면

교사(反面教師)의 교훈을 심어 준 스승이다. 이 책은 그들이 보여 준 지혜들이 하나하나 모여서 만들어진 책이다. 내 50년의 인생과 30년 가까운 강단에서의 경험이 서로 융합하여 만들어진 산물이다. 그러기에 혼자서 읽는 마음보다는 사랑하는 사람과 그리고 관계를 맺는 사람과 함께하는 마음으로 이 책을 읽어 가기를 바란다.

오래도록 소통해야 하는 문제는 단 한 번으로 끝나는 것이 아니다. 계속해서 두고두고 해야 하는 커뮤니케이션 스킬이라는 점을 알아야 한다.

강단에서 강의하는 것과는 달리 머릿속에 있는 생각을 글로 표현해서 책으로 담는 여정은 그야말로 고난의 여정이었다. 졸고(拙稿)에도 불구하고 이렇게 옥고(玉稿)로 만들어서 세상에 나올 수 있도록 힘을 써 준 도서출판 책과 나무의 양옥매 대표님을 비롯한 임직원들에게 진심으로 감사를 드린다.

이순신 대교 불빛에 비춰진 밤바다를 바라 보면서
작가 이경진

The communication
of enduring

Chapter
01

이해하는 마음으로

사람들은 각자의 경험이 다르고, 이미 존재하는 고정
관념이 있으며, 타인보다는 자신의 이해관계가 앞서
는 본능이 작용한다. 타인의 입장이 되어 똑같이 이
해하기란 무척 어려운 일이다.

01

경험이
이해를 부른다

한 해를 시작하면서 세운 올 해의 목표 중에 책을 쓰는 일이 있다. 시도하다가 멈추고 다시 시작하기를 반복하고 있기에 책 쓰기를 목표로 적는 게 여간 부담스런 일이 아니었다. 책을 쓰겠다는 목표에서 잠시 멀어질 때마다 이유는 있었지만, 늘 편치 않은 마음이 한구석에 자리 잡고 있었고 한 권의 책을 만드는 일이 얼마나 어려운 일인가를 새삼 깨닫게 되었기 때문이다.

최고의 독서가는 못 되지만 늘 책을 가까이 하려고 노력하고, 서점이나 도서관을 찾을 때면 잘 만들어진 책을 찾아내는 눈이 있다고 자부하던 나였다. 그러나 이미 만들어진 책을 평가하는 일이 얼마나 쉬운 일이고 또, 좋음과 부족함을 평가하던 나 자신이 얼마나 교만했는가를 이런 시간을 통해 깨닫게 되었다.

흔히들 대안 없는 비판은 하지 말라고 충고하지만, 책을 쓰겠다는 생각을 해 보지도 않았던 시간의 책에 대한 나의 평가가 그저 대안 없는 비판에 불과했음을 알게 되었다는 말은 즉, 책 쓰기의 어려움을 인정한다는 말이기도 하다. 이제 몇 장도 안 되는 원고를 끄적거리는 수준의 나에게 작은 단행본의 책들도 대단해 보이는 마술이 시작되었던 것이다. 이런 변화는 무언가를 직접 시도해 보았을 때만 얻을 수 있는 값진 배움일 것이다.

사람이 하는 말도 그렇다. 대화를 하다 보면 그 사람의 입장을 이해할 것 같은, 충분히 알 수 있을 것 같은 때가 있다. 그 사람 입장에서 잘 이야기한 것 같아 때로는 뿌듯함을 느낄 때도 있지만, 세월이 흐른 후에 혹여 비슷한 상황에 처할 때가 온다면 그때야 비로소 그 사람의 마음을 다 헤아리지 못했던 정서와 맞닥뜨리게 되면서 이해한다고 말했던 자신이 문득 부끄러워질 때가 있다. 그래서 늘 세상에서 가장 어려운 일 중 하나가 역지사지(易地思之)라고 생각한다. 이해할 수 있을 것 같지만 그 입장이 되어 보지 않으면 백 퍼센트 알 수는 없을 것이다.

사람들은 각자의 경험이 다르고, 이미 존재하는 고정관념들이 있으며, 타인보다는 자신의 이해관계가 앞서는 본능이 작용한다. 그렇다. 타인의 입장이 되어 똑같이 이해하기란 무척 어려운 일이다. 이 때문에 다른 사람의 입장을 다 이해할 수 있을 거란 생각에서 벗어나서, 열 명이 모인 자리에서는 열 가지의 생각이 존재할 거란 가정을 할 때 오히려 대화가 쉽게 풀릴 수 있을지도 모른다. 왜냐하면 그런 생각이 오히려 상대에게 더 열린 마음으로 대하는 긍정적인 영향을 줄 수 있기 때문이다.

"열 길 물속은 알아도 한 길 사람 속은 모른다."는 말은 사람의 속내를 이해하기 어려움을 토로하는 말이지만, 그만큼 같은 상황을 두고도 다양한 해석을 해내는 게 사람이란 말로 이해해도 과히 틀리진 않을 것이다. 같은 강의장소, 같은 시간에, 같은 강의를 듣고도 다른 해석을 해내거나 감명 받은 부분에 대해서도 저마다 다르게 표현하는 청중을 보는 일은 아주 흔한 일이다. 또한 같은 일을 경험한 동료나 가족이 시간이 흐른 후, 서로 완전히 다른 상황으로 기억하고 있다는 것을 확인하는 일도 가끔씩 벌어진다. 이렇듯 듣는 사람과 말하는 사람이 동일한 생각을 하기 어렵기에 우리의 대화는 때론 많은 오해를 낳기도 한다.

상대와 똑같이 생각하는 일이 이렇게까지 어렵다면 소통이라는 시대의 숙제 앞에서 우리가 할 수 있는 조금이라도 쉬운 방법에는 무엇이 있을까?
이 질문에 명쾌한 답을 내리는 것은 쉬운 일이 아니지만, 서로가 마음을 여는 시간을 줄이는 방법을 찾아보는 것이 차선책이 아닐까 생각해 본다. 보이지 않는 뚜껑으로 꽁꽁 닫힌 소통을 어렵게 만드는 경직됨을 풀 수 있는 건 결국 마음뿐이기 때문이다. 사람에게는 '선택적 지각'이라는 것이 작용해서 동일한 상황에서도 자신이 느끼고 싶은 것만 느끼며, 자신이 기억하고 싶은 것만 기억한다. 그리고 이 선택적 지각은 지극히 주관적이고 이기적이다. 즉, 자신의 주관성에 의해 마음이 닫히기도 열리기도 한다는 것이다. 이 이기적인 선택적 지각을 소통에 활용하는 방법을 찾는다면 그것이 곧 마음을 여는 속도를 올리는 일이 아닐까 싶다.

  가장 중요한 일은 바로 상대에게 자신의 편이라고 느끼게 하는 것이다. 상대방이 '저 사람은 내 맘을 아는구나.' 혹은 '저 사람은 내 말을 이해하는구나.' 상대가 이렇게 느끼게만 된다면, 내가 그와 같은 경험을 하지 못했더라도 공유할 수 있는 마음의 공간이 생겨나게 되는 것이다. 여기에서 마음의 공간이 생긴다는 건 소통할 수 있는 중요한 첫걸음이 시작된 것이라고 볼 수 있다.

  며칠 전 10대의 자녀를 둔 가정에서의 부모 자녀 간의 문제를 다루는 동상이몽(同牀異夢) 이라는 프로그램을 보고 있을 때의 일이다. 모습도 행동도 남학생처럼 하고 다니는 여학생이 부모님과의 대화를 시도하는 장면을 보게 되었다. 딸은 자신이 이렇게 된 이유에는 부모님 책임도 있다면서 과거에 자신이 상처받았던 일에 대한 이야기를 꺼냈다. 그러자 아버지는 "그때 일은 미안하다고 하지 않았느냐, 그런데 왜 또다시 그때 일을 꺼내느냐?"고 말하는 게 아닌가?

결국 대화를 하고자 하는 시도를 했던 딸은 입을 다물어 버리고, 보는 사람은 또 한 겹의 담을 쌓는 느낌만 들었다.

인터뷰를 하면서 딸에게 아버지에게서 듣고 싶은 말이 무엇이냐고 질문하자, 딸은 "그때 그렇게 생각했는지 몰랐었다고, 정말 힘들었겠다고, 딱 그 정도만."이라고 대답했다. 이건 많은 사람들이 하는 실수인데, 결국 시시비비를 가리는 것보다 '그랬었구나, 힘들었겠구나.'라는 동의와 이해의 말이 마음을 열어서 관계를 만들어 가는 단초가 된다는 것을 보여 주는 좋은 사례이다.

또 한 가지 깨달은 것은 사과는 상대가 수용할 때까지 해야 그 일이 상대의 머릿속에서 지워져서 관계를 깨뜨리지 않는다는 것이었다. 우리는 상대의 마음을 완전히 이해할 수는 없다. 어쩌면 그건 영원히 불가능한 일일 수도 있다. 그러나 진심으로 상대를 이해하려고 마음을 열고 공감해 준다면 어느 한 지점에서 두 마음은 만나게 될 것이다. 대화를 할 때 우리가 상대에게 원하는 것은 딱 그만큼인지도 모른다. 자신의 입장에서의 사과도 조언도 아닌 공감한다는 작은 맞장구와 나를 수용해 줄 거란 믿음을 주는 상대의 태도, 그것으로 충분하다.

원고의 한 줄을 채워 넣느라 고심하다가 고개를 들고 보는 책꽂이의 책들은 그런 고민을 하지 않을 때와는 분명 다른 느낌이기에, 할 수만 있다면 사람이 겪는 일들을 경험하며 느낄 수 있다면 더할 나위 없는 일일 테지만 쉽지 않은 일이라는 사실을 우리는 잘 알고 있다. 그래서 우리가 기울여야 하는 노력은 말로써 공감하는 방법을 실천하는 것이다. 간단한 말 한마디가 우리가 짐작하는 것보다 훨씬 빠르게 마음을 열 수 있는 방법이다.

　내가 경험해 보지 않은 일이라고 야박해지지도 말고, 귀를 닫지도 말자. 마음을 여는 말을 하는 사람과 그렇지 않은 사람은 더불어 가는 방법에서 분명 차이가 날 것이다. 세상의 모든 일을 경험할 수는 없는 것이기에 어쩌면 인생의 두께는 경험(經驗)의 차이가 아니라 나의 편인 사람들에 의해서 결정이 날지도 모를 일이다.

02

상처를 부르는
위로

사랑하는 사람을 잃고 2년여 시간을 오랫동안 살아왔던 도시에서 섬처럼 살았다. 업무와 관련된 일이 아니면 그 누구와도 만나지 않으려 애썼다. 사람들과 이야기를 나누는 것은 물론이고 눈도 마주치지 않으려고 애쓰며 다녔던 것 같다. 시간이 지나면서 마음이 차츰 안정이 되어 가는지, 문득 이렇게 사는 것이 나의 삶을 정상으로 돌리는 데 마이너스가 될 거란 생각이 들기 시작했다. 그래서 가깝다고 생각하는 사람들을 조금씩 만나기 시작했지만, 그것도 잠시뿐. 나의 칩거는 도돌이표를 달고 다시 섬으로 돌아가곤 했다. 사람들을 만나서 그들이 무심코 한 말이, 또는 위로하려고 한 말들이 나의 머릿속을 계속 맴돌아서 며칠씩 그 생각을 하게 했고, 그런 일들이 사람을 지치게 만들었기 때문이다.

"얼굴은 좋은데……."란 말을 들으면, 내가 얼굴이 좋지 않아야 하는 거란 말인가, 아니면 잘 지내고 있어서 되겠느냐는 말인가, 진짜 걱정을 해 주는 것인가, 하는 생각이 들었다. 그러다가는 급기야 설마 내가 좋지 않을 것을 기대했었다는 말인가 하는 생각까지 커지면서, 어느덧 혼자서 끙끙 속앓이를 하고 있는 내 모습을 발견하게 된다.

머릿속으로는 그 사람들은 별 뜻 없이 한 말이고 내가 정상적으로 받아들이지 않는 거라는 생각을 하면서도 가슴 한구석에 가시처럼 걸려 있는 말들을 삭이는 데 며칠씩 에너지를 쓰고 있는 자신을 발견하는 것이다. 그런 일이 반복되면 결국 차라리 사람들을 만나지 말자고 다짐하며 또다시 칩거(蟄居)로 돌아가고 만다.

등산을 하다 보면 가끔 나무가 바위를 감거나 뚫고 자란, 기가 막힌 장면을 보게 된다. 마치 태행산과 왕옥산으로 인해 고립된 마을의 지형 때문에 의원을 찾지 못해서 아내를 잃은 우공이 마을을 소통시키기 위해 식구들과 함께 산을 퍼서 옮기려 했던 행동에서 기인한 '우공이산(愚公移山)'이란 말을 떠올리게 하는 모습이다. 얼마나 오랜 시간을 애를 쓰고 힘써서 이렇게까지 자랐을까 싶어서 가던 길을 멈추고 이리저리 살펴보게 된다.

분재를 취미로 하시는 분에게 나무의 뿌리를 돌과 붙이거나 뿌리를 터널처럼 만들기 위해 바위를 이용하면 나무의 성장이 눈에 띄게 멈춘다는 이야기를 들은 적이 있다. 나무는 성장에 써야 할 모든 에너지를 생존을 위해 쏟아붓게 되는 것이다. 이처럼 살아남기 위해 뿌리가 장애물을 감지하고 그것과 공존하는 방법에 온 힘을 쏟아서 위로는 자랄 수 없는 것이다.

심신이 약해져서 주변으로부터 오는 여린 자극에도 온 신경이 곤두서는 사람에게는 위로의 말이 때로는 상처가 될 수 있다. 조금 더 조심하고 배려하지 않으면 의도와 상관없이 나의 말에 베여서 혼자 피를 흘리고 있을지도 모른다는 생각을 해야 한다. 위로하는 사람은 받는 사람보다는 그래도 여유를 가진 사람일 것이고 상처가 없는 사람일 것이기 때문이다. 형식적으로 흉내만 내려고 하는 것이 아니라면, 그 사람에게 조금 더 조심스럽게 다가가는 모습까지 보여준다면 진짜 위로를 하게 될 것이기 때문이다.

어느 며느리가 첫 손주를 딸을 출산하자, 한달음에 달려가신 시어머니가 "아가, 괜찮다. 다음엔 아들 낳으면 되지."라고 하셔서 시어머니께 서운해서 다시는 아이를 낳고 싶은 마음이 들지 않았다고 한다. 유머로 하는 이야기겠지만, 우리 주변에서 이런 방식으로 위로하는 모습을 종종 볼 수 있다. 위로를 받아야 할 사람을 위로하는 것이 아니라 스스로 위로해 주었다는 위안을 삼기 위해 말하는 것이 아닐까 의심하게 되는 경우도 흔히 찾아볼 수 있다.

성의 없는 위로의 말을 듣게 되면, 그런 생각을 하면 안 되지 싶으면서도 사람의 본성에는 타인의 아픔에 비기어 자신의 안위를 확인하거나 심지어는 즐기는 마음이 있을 거란 생각까지 하게 된다. 결국 또 위로인 듯 상처를 남긴 그 말을 마음에서 지워 내기 위해, 아니, 그 사람 자체를 잊기 위해 애를 써야 하는 시간을 보내게 된다. 즉, 마이너스로 향해 있는 감정을 겨우겨우 아무것도 없는 상태로 보내는 제로섬(zero-sum)에 온 힘을 쓰게 되는 것이다.

그러나 잊지 못할, 어쩌면 평생을 기억하게 될 위로를 받은 적이 있다. 예배를 마치고 나오는 나를 붙들고 이것저것 묻는 사람들 사이로 다가오지도 못하고 두 눈 가득히 염려를 담고 바라보고 서 있는 눈과 마주치게 되었을 때, 아무렇지 않은 듯 보이려고 안간힘을 쓰고 있던 나의 전신에서 힘이 빠져나가고 마음이 송두리째 녹아 내릴 것 같았던 그때의 상황을 지금도 생생히 기억하고 있다. 그 눈빛 때문에 내내 참고 있던, 아무에게도 보이지 않던 눈물을 왈칵 쏟아 내었던 그때의 느낌을 아직도 잊을 수 없다. 위로는 말로 하는 것이 아니란 걸, 화려한 말발이 필요하지 않다는 걸 그때 알았다.

다음에 내가 회복되어서 같은 심정을 겪는 누군가를 위로하게 된다면 반드시 저런 눈빛으로 마음을 보듬는 위로를 해 주리라 생각했었다. 사람에게 받은 상처들로 인해 사람을 기대하지 않았던 내가 그 눈빛으로 누군가를 위로할 생각까지 이르게 된 순간, 마치 거짓말처럼 내게 치유가 이루어지고 있었던 것이다.

"걱정했었는데 얼굴이 나쁘지 않아서 다행이다.", "아가, 고생했다." 우리가 원하는 위로는 조건을 달지 않는 따뜻함이 마음을 감싸는 이런 말들이다. 펄펄 끓는 뜨거움이 아니라 미지근하지만 오래 식지 않을 것 같은 그런 말이다. 귀를 울리는 말이 아니라 가슴으로 스며드는 그런 말이다. 그런 말은 진심을 담고 있을 것이다.

　누군가를 위로하려거든 내 마음이 따뜻한지부터 점검해 보자. 가슴이 따뜻하지 않으며 진정으로 그 사람을 염려하는 마음이 아니면, 나의 말에 상대가 상처를 받을 수도 있다는 것을 잊지 말자. 무슨 말로 위로해야 할지 도저히 생각나지 않는다면, 내 온몸이 상대를 염려하고 있음을 나타내도록 마음부터 점검해 보자. 내가 나누려 하는 작은 위로가 누군가에게 살아갈 이유가 되고, 도저히 빠져나올 수 없을 것 같은 상황을 밀어낼 용기를 만들어 낼 수도 있음을 잊지 말자.

03

말을
했더라면

　말하기를 즐기는 탓인지 그동안 몇 가지 직업을 바꾸었지만, 결국은 누군가를 가르치는 일들이 대부분이었고 또 가끔은 어쩌면 그리 말을 잘하느냐는 칭찬을 듣기도 한다.

　밖에서 종일 말해야 하는 직업을 가진 사람은 집에 들어가면 입을 닫게 된다고 말들 하고 개그맨들 중에 집에서 웃기는 사람은 없다는 말을 하는데, 맞벌이를 하면서 아이들을 키운 나는 직장에서 종일 가르치는 일을 하고서도 집에 가면 지치지 않고 내 아이들과 수다를 떨었던 거 같다. 그런 탓인지 다른 재능보다는 언어적인 능력이 더 발달된 우리 집 두 녀석들을 보고 엄마 닮았다고 말하는 사람들이 많다.

그런데 이렇게 말을 하는 일에 익숙하지만 정작 필요한 말을 제대로 하고 있는지에 대한 의문이 들 때가 있다. 아이들이 엄마를 보러 지방으로 내려왔다 갈 때면 기차역에 데려다 줄 때가 있는데, 이른 차를 타고 가야 하는 딸을 배웅하는 날, 아무것도 먹지 않고 보내기가 안쓰러워서 가끔 역에 도착할 때까지 먹을 도시락을 싸곤 한다. 마침 다시마와 양배추로 쌈 밥을 말아서 준비한 도시락을 먹고 있는 딸 옆에서 운전을 하는 동안 전날 저녁을 가볍게 먹은 탓인지 배가 너무 고파 왔다. 몇 개 안 되는 밥을 달라고 할 수도 없고, 꾹꾹 참았다가 집으로 돌아오자마자 허기진 배를 채우려 허겁지겁 밥부터 먹었다.

배가 차고 나서야 잘 가고 있느냐고 문자를 보내면서 "배고파서 쌈 하나 먹고 싶었는데 먹어 보란 말도 않더라?"고 했더니 "말을 하지 그랬어. 난 배가 부른데도 엄마가 해 준 거 남기지 않으려고 다 먹느라 애썼는데⋯⋯." 하는 것이었다. 정말 나는 왜 말을 하지 않았을까? 평소에 말을 안 하는 것도 아니면서 별일도 아닌 그 말을 왜 하지 않았을까? 혹시 말하지 않아도 알아서 해 주기를 바랐던 것은 아닐까?

아마도 내가 말하지 않아도 눈치껏 나의 마음을 알고 행동해 주길 바랐던 거 아닐까 싶다. 또 작고 사소한 거라 말로 표현할 정도는 아니라고 생각한 면도 있을 것이다. 그런데 문제는 '말하지 않았으니까 그럴 수도 있지.'라는 생각이 드는 것이 아니라 그것으로 인해 서운함이 일어난다는 것이다. '그 정도도 몰라주나?', 또는 '나를 생각해 주지도 않는구나.' 이런 생각들이 들기 시작하면 서운함이 커지기 시작하는데, 급기야는 작은 발단을 넘어서 이전의 일들까지 다 들춰내어 떠올리면서 서운함이 발전해 간다는 것이다. 이렇게 생각의 방향이 한쪽으로 물살을 타기 시작하면 사소한 일도 서운함의 크기를 키우는 쪽으로 빠르게 진행된다.

몇 해 전까지만 해도 시댁과의 관계로 수다를 나눴던 지인(知人)들이 요즘은 슬그머니 며느리와의 관계를 화제의 중심에 올리는 모습을 보면서 미소 지을 때가 있다. 며느리들의 흉을 보면서 속상함을 토로하는 말을 들으면서, 이전과는 전혀 다른 입장을 보인다는 것을 느끼기 때문이다. 아직은 그 입장이 되어 보지 않아서 객관적이 되는지도 모르겠지만, 그걸 감안하더라도 확연하게 입장이 바뀐 상황을 듣고 있노라면 양쪽 이야기를 다 들어 보아야 정확히 알 것 같다는 생각이 드는 건 어쩔 수가 없다. 고부간의 서운함을 이야기하는 모습을 보다가 조금 과해진다 싶어질 때 그런 마음을 이야기해 보았느냐고 물어보게 되는데, 대부분의 사람들은 그걸 꼭 말로 해야 아느냐고 눈치를 보면 아는 거 아니냐고 대답한다. 과연 그럴까?

우리는 생각이 다르거나 서운한 감정이 들 때, 그런 생각들을 표현하는 일에 익숙하지 않은 것 같다. 참는 것이 미덕이라고 생각하는 정서가 흐르는 탓인지, 상대의 기분이 상하지 않게 자신의 서운함을 표현하는 훈련이 되어 있지 않은 것 같다. 하지만 참는다는 건 한계가 있기도 하거니와 참고 넘어가면 다음에 또다시 비슷한 상황이 발생하면 먼저의 감정이 더해져서 배가되는 현상이 발생한다. 그런 감정이 쌓여서 폭발하면, 더 이상 객관적이거나 이성적인 상태로 대화를 할 수 없게 된다.

사람이 본능적으로 자기 중심적인 생각을 하게 되어 있는데다가 감정의 겹이 쌓이게 되면 더욱 이기적인 표현을 하게 될 것이고, 이런 모습은 상대방을 자극해서 대화를 하기보다는 논쟁을 할 가능성이 높아진다. 가까운 사람들일수록 그럴 가능성은 더 농후한데, 아마도 말하지 않아도 내 마음을 알아줄 거라는 기대감이 있기 때문에 더 많이 서운해지는 것 같다.

고민을 상담하는 프로그램에, 10년 가까이 대화는커녕 얼굴도 보지 않는 고등학생 형제가 출연한 적이 있다. 어떻게 한 집에 사는 형제가 그럴 수 있나 싶은데 실제로 그런 상황이 진행되고 있었고, 안타까운 마음에 부모가 화해를 시도해 보려 했지만 오히려 꼬여만 갔다고 한다. 진행자들이 원인이 되었던 일을 찾아보는 대화를 하는 도중에 형제의 다른 취미가 발단이 되어 서로에 대한 서운함이 눈덩이처럼 커져 갔던 걸 알게 되었다. 결국 10대의 대부분을 남처럼 살아온 형제는 이야기를 나누며 서로를 알아 가기로 했지만, 그들에게서 잃어버린 시간을 되돌릴 수는 없을 것이다.

좀 극단적인 예이기는 하지만 우리는 말로 표현하지 않음으로 인해 서로 거리를 만들어 버리는 아내와 남편, 부모와 자식, 형과 아우를 주위에서 적지 않게 보게 된다. 혼자 넘겨짚지 말고 말로 표현하고 확인하는 훈련을 해 봐야 한다. 아무리 가까운 사람일지이라도 표현하지 않으면 속마음을 알아차릴 수는 없다는 것을 염두에 두어야 한다.

나와는 조금 다른 생각이 들 때 왜 그러느냐고, 나는 이렇게 생각하는데 그게 맞느냐고 물어보면 나와 같은 생각인지, 내가 잘못 알고 있었는지를 금방 알 수 있을 것이다. 자신의 생각과 같다면 서로 다른 입장을 이야기할 수 있을 것이고, 오해하고 있는 거라면 아무것도 아닌 것이 되는 것이다.

좀 우스운 이야기지만, 나는 내 생일이 오기 2주 전쯤이면 가족들에게 언제가 생일이라고 각인을 시키며 다닌다. 음력으로 생일을 지내는 탓도 있긴 하지만 언제부턴가 식구들이 기억하고 있는지를 시험하는 일도, 혹시 잊어서 서운해하는 일도 괜한 소모전이란 생각이 들었기 때문이다. 가끔은 깜짝 축하를 받는 즐거움을 놓치는 일이 안타까울 때도 있지만, 이미 습관이 되어서 말을 하지 않으면 벌써부터 입이 근질거리는 것을 참지 못한다.

"나도 배고프니까 하나만 먹자.", "혼자 집안 일을 하려니까 너무 힘들어. 조금 도와줘.", "볼 때마다 공부하라고 하는 말을 하는 게 너무 싫어요." 참다가 서운해하지 말고, 참다가 폭발하지 말고 말로 표현해 보자. 말을 하지 못하는 건 상대의 문제가 아니라 혹여 말해서 민망할까 두려워하는 내 마음의 증상일지도 모른다. 막상 말해 보면 두려운 일도 자존심이 상할 일도 아닌 걸 알게 되고, 서운할 일도 화낼 일도 줄어드는 걸 발견하게 될 것이다.

04

눈물도
얻어다

갑작스런 남편의 난치병(難治病)을 받아들이기가 쉽지 않아 며칠째 울고 다녔다. 그러기를 닷새쯤 지났을까. 셋째 고모부가 조용히 부르시더니 처남은 원래 마음이 여리니까 그렇다 치고 나까지 그러면 안 된다고 이젠 울지 말고 강해지라고 하셨다. 무슨 뜻인지는 알지만 조금만 기다려 주면 감정을 정리하고 이성적으로 대처할 수 있을 건데 싶어서 서운한 마음이 들었다. 투병하는 동안 보호자로서 혼자 겪어야 하는 일들이 수시로 발생했고 견디기 힘든 마음이 들 때도 있었지만, 흔들리지 않고 내 자리를 지키려고 노력했다.

하지만 언제부턴가 가슴이 답답해지더니 급기야는 터질 것 같아나도 모르게 한숨을 쉬는 일이 잦아지던 어느 날 병원 복도를 왔다 갔다 하다 우연히 반 평짜리 기도실을 발견했다. 그곳에 들어가서 앉아 있다 갑자기 울음이 터졌고, 한 번 시작된 눈물을 그칠 수가 없어서 얼마인지 모르는 시간 동안을 정말 실컷 울었던 거 같다. 그리곤 놀랍도록 마음이 편안해짐을 느꼈다. 수백 마디의 하소연보다, 수십 명의 상담자보다 더 후련하게 속을 씻어 줄 수 있는 것이 바로 눈물이란 걸 몸으로 체험했다.

자존심이 상하는 것을 무엇보다 싫어하는 탓에 남 앞에서 울지 않는 편이고, 당황스러운 일 앞에서도 허둥대지 않으려고 노력하는 나다. 하지만 그럴수록 속으로 억누르는 감정들은 더 많아져서 스스로 억제할 수 없는 순간이 있다. 그런 날은 새벽기도를 가서 아무 기도도 하지 못한 채 실컷 울고만 오는데, 돌아오는 길에 해가 뜨는 풍경을 바라보며 가슴이 후련해지면서 마음이 한결 가벼워지는 것을 느낀다. 이것이 최고의 카타르시스라는 것을 경험하게 된다. 그래서 때로는 울 수 있는 건 축복이라고 느낀다.

남자들이 여자들에 비해 평균 수명이 짧은 이유가 감정을 표출하지 않기 때문이라고 한다. 즉, 여자들은 눈물로 쏟고 입으로 발산하기 때문에 속에 담아 두고 참는 남자들에 비해 더 오래 산다는 이야기다. 눈물은 사람의 격한 감정과 슬픔을 표현하는 것이고, 눈물을 흘리는 것은 비탄이나 애도의 마음을 겉으로 드러내는 것이다. 페르시아에서는 장례식을 주도하는 사제가 가족이 흘리는 눈물을 닦은 헝겊을 모아서 병에 담아 두는 풍습이 있었는데, 이는 죽음의 고통이 극에 달했을 때 이 눈물 한 방울을 입 속에 떨어뜨리면 죽어 가던 사람이 소생한다는 믿음에서 비롯된 풍습이라고 한다.

〈쿠오바디스〉라는 영화에서는 폭군 네로 황제가 눈물을 억지로 짜내어 눈물단자에 담는 유명한 장면이 있다. 어쩌면 교만하고 동정심이 부족한 네로는 자신의 폭군적인 품성을 숨기기 위해 눈물을 이용해 그것을 감추려고 했을지도 모르겠다. 요즘도 눈물을 이용해 반전을 노리는 정치인들의 전시적 눈물을 보면 혹시 네로에게 배운 것이 아닐까 싶은 생각과 함께 이 장면이 떠오른다. 눈물이 극적 반전을 가능하게 만드는 힘이 있기 때문에 정치적인 수단으로 이용한 것이다.

내향적인 성향의 사람에겐 당연한 것일 테지만, 외향적인 사람도 자신에 관한 모든 말을 하고 살 수는 없다. 한 번 두 번 마음에 쌓아 둔 말들이 많아서 걷잡을 수 없을 때, 한 사람쯤은 아무런 의식도 하지 않고 맘껏 목 놓아 울어도 받아줄 사람이 필요하다. 울고 난 후의 창피함 따위는 생각할 필요도 없는 그런 사람이 필요하다.

눈물은 말보다 몇 십 배의 치유와 회복의 효과를 가지고 있다. 15년간 암 수술만 1,000여 건을 집도한 이병욱 박사는 시간이 지나면서 메스가 만능이 아님을, 마음의 병을 치유하는 것이 더 중요한 일임을 알게 되었다고 한다. 분노, 원망, 미움, 슬픔, 절망 같은 나쁜 감정들이 마음의 독소를 쌓이게 만들고 이것이 면역력을 떨어뜨려 암세포를 만들어 냈는데, 이렇게 마음에 감정의 독소들을 쌓아 둔 상태로 암세포만 떼어 내는 것은 의미가 없다는 것이다. 이 박사

는 마음의 응어리를 풀어내는 가장 효과적인 수단이 눈물이라고 생
각하고, 환자들에게 고통스러운 감정들을 쏟아 놓으며 마음껏 울게
한다고 한다. 그리고 많이 울고 크게 우는 환자들에게서 회복과 치
유가 빠르게 나타나는 것을 수없이 보았다고 한다.

　눈물은 우리의 감정을 정화시키는 좋은 도구다. 몸에 종기가 나면
곪은 곳을 깨끗이 짜내야만 아물게 된다. 자신을 힘들게 하는 마음
속에 숨겨둔 감정들이 있는데, 그걸 말로 다 풀어낼 자신이 없다면
가슴이 후련해질 때까지 울어 보자. 혼자서 울 자신이 없다면 눈물
을 가장한 기도를 하는 것도 아주 좋은 방법이다. 연거푸 나흘을 매
일 새벽에 울고 났더니 더 이상 울음이 나오지 않았을 뿐더러, 신기
하게도 다시 시작해 보자는 마음이 생기기 시작했다. 놀라운 눈물
의 힘이다. 그래서 눈물은 가장 강력한 언어인 것이다.

05

마음을 닫게 하는
맞장구

　요즘 요리 프로그램이 대세다. 과하다 싶을 만큼 방송 채널 어디를 틀어도 요리 프로그램을 쉽게 만날 수 있다. 명성과는 다르게 수더분함으로 인기 급상승 중인 요리사가 음식에는 깡 초보인 연예인 4명을 모아 놓고 요리를 가르치고 자신만의 팁을 알려 주는 프로그램이 있다. 두 명씩 나누어 요리 경쟁을 하는 구도로 진행을 하는데, 스승인 요리사가 프라이팬에 시범을 보이는 장면에서 한쪽 팀은 조금이라도 멋진 모습이 나오면 "와, 이야, 잘한다!"는 등의 감탄사를 연신 표현하였다.

　결국 스승은 수업 태도가 좋은 그 팀만 쳐다보고 요리를 했는데,

반대 팀이 항의하면 그쪽을 봤다가 금세 원래대로 돌아가곤 했다. 이처럼 누군가 무슨 일을 하고 있거나 이야기를 하고 있을 때 감탄사를 비롯한 반응을 보이는 것은 그 사람을 신이 나게 만드는 행동이다. 마주 보고 이야기를 하는 상대가 나의 말에 반응을 해 준다면 자신도 모르게 많은 말을 하게 되고, 신나서 말하게 된다.

수십 명이 앉아서 강의를 듣고 있는 상황에서 가능하면 모든 사람에게 시선을 주려고 노력하지만 자신도 모르게 더 자주 보게 되는 청중들이 있다. 예쁜 사람도, 날씬한 사람도 아닌 고개를 끄덕이고 미소 짓는 등의 적극적인 반응을 보내는 사람들이다. 시간이 경과할수록 긍정적이거나 동의의 표현을 하는 사람을 보면서 강의를 하는 빈도가 더 높아지는 것을 느끼게 되는데, 이럴 땐 의식적인 안배를 하려는 노력을 해야만 한다. 맞장구는 분명 사람을 끄는 힘이 있다.

봉사와 관련된 일을 시작했는데, 그곳을 이끄는 분이 대화의 끝 무렵이나 잠시 침묵이 흐를 때 늘 "좋습니다."라는 말을 했다. 처음 얼마간은 칭찬인 줄 알았는데 얼마 지나지 않아 누구에게든지 어떤 상황이든지 습관적으로 "좋습니다."라는 말을 한다는 것을 알게 되면서, 마음을 담지 않은 반응이 오히려 관계를 의례적으로 만든다는 느낌이 들면서 그 분과는 더 이상 마음을 나누는 사이는 아니라는 생각마저 들기 시작했다. 요즘 젊은이들이 쓰는 표현으로 '영혼 없는 리액션'이란 이런 상황을 두고 하는 말이 아닌가 싶다.

반응 없는 상대를 앞에 두고 말을 하는 것은 참 힘 빠지는 일이란 건 누구나 아는 사실이지만, 상투적으로 반응하는 사람과 이야기를 나누다 보면 빨리 끝내고 싶다거나 더 마음을 나누고 싶지 않다는 생각이 들어서 오히려 반응 없는 사람보다 더 마음을 닫게 되는 경향이 있다. 굳이 비교하자면 전자는 다듬어지지 않은 거친 시골 청년 같다면, 후자는 요령이 잔뜩 붙어 있는 뺀들거리는 도시 청년 같다고나 할까?

상대의 말을 유념해서 듣고 진정한 반응을 보낼 수 없을 땐 의례적인 반응으로 마음을 닫게 하는 것보다 차라리 지금은 다른 생각할 일이 있어서 이야기를 들을 여유가 없다고 솔직히 말하는 편이 훨씬 좋은 방법이다. 잘 듣는 것처럼 가장해서 성의 없는 반응을 보여도 상대가 모를 거라는 착각은 절대 하지 말아야 한다. 사람은 상대와의 교감은 감각적으로 알아챌 수 있는 센서를 가지고 있어서, 내가 통하지 않는다고 느낀다면 상대도 똑같이 느낀다고 생각해야 실수하지 않는다.

마음을 담아서 반응을 보이는 것이 쉬운 일은 아니기에 바른 경청을 위한 몇 가지의 팁을 두고, 이 팁들을 습관으로 몸에 배도록 훈련하는 것도 좋은 방법일 수 있다. 예컨대 하던 일을 멈추고, 상대와 눈을 마주치고, 양쪽 어깨가 반듯하게 상대를 향하고, 상대를 향해 가볍게 몸을 기울이고, 중간중간 적절한 감탄사를 하는 행동들이다. 물론 이런 행동들을 익히는 것보다 훨씬 강렬한 것은 진심(眞心)을 다해 들어주는 것이다.

결혼 기간이 긴 부부들은 남편이나 아내에게 무언가를 이야기해야 할 때 미루어 짐작해서 "이런 거 싫어할 거야."라거나 "이렇게 반응할 거야."라는 말을 자주 하고, 대답을 미리 예상해서 말조차 꺼내지 않는 경우가 빈번하다. 특히 남편에 대해 그렇게 느끼는 부인들이 많은데, 남편이 자신이 한 말에 관심이 없을 거라는 생각은 과거에 남편이 같은 상황에서 의례적인 반응을 보이거나 했던 이야기를 기억하지 못하는 데에서 기인하는 경우가 대부분이다.

상대에게 의례적인 반응을 보이는 경우가 많은 사람이라면, 상대가 나에 대한 믿음이 없을 거라는 생각을 해야 한다. 그리고 그런 부정적인 평가에서 벗어나고 싶다면, 귀와 마음을 함께 여는 대화의 태도로 빨리 전환해야 한다.

06

그림 그리듯
말하라

여자들이 모이면 빠지지 않고 꼭 나오는 주제 중 하나가 드라마 이야기이다. 드라마를 즐겨 보지 않는 편이라 하면서도 대세가 되는 드라마는 어느새 중간부터라도 보고 있게 된다. 모임에서 지나간 회를 보지 않은 사람이 있으면, 줄거리를 친절하게 이야기해 주는 사람은 꼭 있기 마련이다.

그런데 오래전부터 이야기의 시작은 내가 하지 않았음에도 마치는 사람이 내가 되는 경우가 왕왕 있어 왔다. 옆에서 듣고 있다가 그때 그 장면을 설명해 줘야 할 것 같아서 끼어들고 그 대사는 꼭 알려 줘야 하는데 빠뜨려서 끼어들다 보면 어느새 마지막 정리를 하고 있는 것이다. 재미있게 이야기한다는 칭찬을 듣고 싶어서가 아니라, 나의 관점에서는 그 장면을 잘 묘사해 줘야 그때의 느낌을 알 수 있다고 생각하는데 전달하는 사람이 그걸 빠뜨리면 모르는 척이 안 되는 것이다.

주변에서도 같은 이야기를 누가 전달하느냐에 따라 선명하게 알 수도 있고 또 그렇지 않은 경우도 있다는 걸 발견할 수 있을 것이다. 이야기를 재미있고 생생하게 하는 사람들 사이에서는 몇 가지 공통점을 발견할 수 있다. 그중 한 가지는 생생한 설명을 위해 의태어나 의성어를 많이 쓰고 심지어는 색이나 느낌을 대비되게 배치해서 도드라지게 표현하는 기술이 발달해 있다는 점이다.

특별히 취미도 특기도 없는 다소 무미건조하게 생활하는 내가 유일하게 화려한 취미를 가지고 있는 게 있는데, 바로 미술관 투어다. 그렇다고 아주 깊이 있는 미술적 지식이 있는 정도는 아니지만, 전시회를 돌아보는 게 좋고 그림에 얽힌 숨은 이야기를 찾아내는 일이 재미있다. 지난번 딸과 둘이서 다녀온 제주 여행길에서도 관람객이 많지 않아 에어컨도 제법 약하게 돌아가는 왈종 미술관을, 땀을 뻘뻘 흘리며 돌아보고 늦은 점심을 먹으면서도 행복했다.

내가 좋아하는 그림들은 대체로 색채가 선명하고 간결한 모습으로 표현되는 공통점이 있다. 그래서인지 몇 가지 종류를 제외하고는 대부분 빈센트 반 고흐의 그림을 좋아한다. 만약 당신에게 고흐의 그림 중 〈붉은 수수밭〉이나 〈카페테라스의 밤〉과 같은 그림을 설명하라고 한다면 어떻게 하겠는가? 붉고 파란, 강렬한 색깔의 대비나 날아오르는 까마귀의 역동적인 모습을 말하지 않고는 설명이 불가능할 것이다. 이야기 속에서도 보지 않은 사람에게 그림을 설명하듯이 말을 한다면 당연히 동원되어야 하는 꾸밈 말들이 생길 것이다. 이처럼 말을 잘한다는 것은 상대의 머릿속에 그림을 그리는 것이다.

내가 들려주는 이야기를 정말 본 듯이 상상할 수 있도록 설명하려고 노력해 본다면 어느새 맛깔스럽게 말을 하는 걸 넘어서 표현의 달인의 경지에 도달할 수 있을 것이다. 사람들은 귀로 듣는 것보다 눈으로 본 것을 더 쉽게 상상할 수 있다. 기억의 소멸성도 오감을 얼마나 활용하느냐에 따라 기억 잔존율에서 현저하게 차이가 난다. 그래서 학교교육에서도 현장학습이라는 것이 생겨난 것이다. 귀로 듣는 것을 눈으로 보는 것처럼, 거기에 손으로 만져서 느끼는 것처럼 설명할 수 있다면 우리가 한 이야기는 오래도록 기억에 남을 것이고, 그 이야기를 한 사람도 당연히 기억하게 될 것이다.

등산을 하다가 우연히 맞춘 채널에서 〈말로 읽는 단편 소설〉이라는 코너를 듣게 되었다. 단편소설을 이름 있는 연기자가 낭독을 하고 한두 명의 출연진이 나와서 간단한 대화 등을 극화해서 들려주는 프로그램이었는데, 방송을 청취하면서 배경이 된 집은 어떤 모습일지, 우연히 냉동 고깃덩어리로 남편을 살해한 주인공은 어떤 모습일지를 열심히 상상하며 장면을 떠올리고 있는 자신을 발견할 수 있었다. 이처럼 구체적이고 명쾌한 설명은 우리의 뇌를 부지런히 움직이도록 하는 힘이 있다.

상대의 상상력을 자극하는 말을 하기 위해서는 내가 사용하는 형용사들이 얼마나 분화되어 있는지를 점검해 봐야 한다. 파랗다, 푸르다, 푸르죽죽하다, 푸르스름하다, 새파랗다, 짙푸르다. 모두 파란색을 표현하는 말들이다. 이 말들의 느낌을 알 수 있는지, 몇 가지나 느낌에 따라 적절하게 사용하고 있는지를 체크해 보자. 다른 언어에 비해 한글은 표현을 풍성하게 만드는 형용사들이 정말 다양하기 때문에 특히나 번역을 할 때 우리말의 느낌을 외국어로 도저히 전달할 수 없는 단어가 많다고 한다. 그 꾸밈 말들을 다양하게 활용하면 분명히 말을 잘하는 사람으로 기억될 수 있을 것이다.

또 말하고 있는 자신이 말에 어울리는 감정을 말에 담아야 그 표현들이 더욱 살아난다. 많은 사람들이 말을 잘하고 싶어 하는데, 그건 칭찬을 받고 싶다는 것보다 자신의 마음을 말로 적절하게 표현하는 것이 첫 번째 욕구일 것이다. 그림을 설명하는 것처럼 이야기하는 훈련을 하다 보면, 표현의 단계를 넘어서 말 참 잘한다는 이야기를 듣게 되는 때가 올 것이다.

07

침묵은
최고의 집중

혼자서 무언가를 하는 일을 두려워하지 않는 편이다. 이렇게 되기까지는 나름의 부단한 노력이 있었지만, 말을 해야 하는 직업상의 이유 때문인지 여럿이 어울려서 다니는 것보다는 혼자 있고 싶은 때가 많아서 더욱 그렇게 되는 것 같다. 말하기를 멈추고 조용히 둘레길을 걷다 보면 어떤 때는 복잡했던 머릿속 생각들이 정리되기도 하지만, 대부분의 경우는 아무 생각 없이 걷는다. 신기한 건, 특별히 생각을 정리한 게 아닌데도 머리가 맑아진다는 것이다. '좋은 공기를 마시기만 해도 머리가 맑아지는 건가?'라는 생각이 들었다.

그런데 우리의 뇌에는 이런 멍한 시간이 의미가 있다는 연구들이 많은데, 특히 새로운 아이디어와 창의적인 일을 하는 사람에게는 잠시 동안 멈춤의 시간이 꼭 필요하다고 한다. 심리학자 자네스 존탁의 연구에 의하면 퇴근 이후 업무로부터 완전히 자유로워지는 사람이 다음 날 더 가뿐하고 맘 편하게 업무를 진행하며, 주말에 충분한 휴식을 취한 사람이 그렇지 못한 사람에 비해 회사에 출근해서 더욱 독립적이고 능률적으로 업무에 임한다고 한다. 이렇듯 사람의 신체 리듬에도 쉼이 중요한 것처럼 말하기에도 쉼은 중요한 의미를 갖는다.

능숙한 스피커는 자신에게 집중시키는 방법을 알고 있다. 비가 오거나 흐린 날, 교실에서의 소음은 상상할 수 없을 만큼 커진다. 쉬는 시간을 끝내고 수업에 들어가는 교사의 첫 모습만으로 어느 정도의 경력을 가진 교사인지를 알 수 있다. 경력이 낮은 교사일수록 큰 목소리로 말한다. 하지만 아이들의 소음에 교사의 소리는 이내 묻히고 만다. 어느 정도 경험을 가진 교사라면 침묵하고 기다려서 주의를 집중하게 되는 것이다.

말하는 사람이 잠시 멈추고 침묵하는 힘은 상상보다 훨씬 강력하다. 나를 질책하는 사람이 왜 그러냐고 소리 높여 질책하기보다 잠시 멈추고 침묵하고 있다면, 그 짧은 순간 머릿속으로는 오만 가지 생각이 지나가게 된다. 시간은 지극히 주관적이어서 강하게 집중하거나 충격적인 상황이 발생하면 찰나의 시간도 0.0001초쯤의 간격으로 나뉘어 인지되는 것이다. 아마 교통사고를 당해 본 사람이라면 이런 경험을 충분히 공감할 것이다. CC카메라의 영상으로 확인하면 정말 짧은 순간에 발생하는 사고가 정작 당하는 본인에게는 마치 슬로우비디오를 보는 것같이 느리고 길게 인지된다.

  몇 년 전 강의를 가는 길에 덤프트럭이 자동차의 옆을 치는 바람에 차가 휘말려 들어가는 사고를 당했을 때의 일이다. 차가 휘청거리며 쏠려 가는 것, 트럭이 운전석으로 다가오는 것, 차가 부딪히는 것, 끌려가는 것 등 모든 장면이 따로따로 천천히 선명하게 인지되었다. 그리고 '이렇게 죽을 수도 있겠구나.'라는 생각을 했던 것도 생생히 기억이 난다. 물론 침묵의 힘이 이 정도로 강력하다고는 할 수 없지만, 잠시 멈추고 침묵을 지킨다면 말을 하고 있을 때는 딴짓을 하던 사람도 침묵이 궁금해서 고개를 들게 된다

  말하기에서는 말을 이어 가는 기술만큼이나 적절히 침묵을 활용하는 기술을 익히라고 조언한다. 대부분 조급하거나 심리적으로 여유를 갖지 못하면, 말하는 속도가 빨라진다. 아무리 연습을 했더라도 긴장하면 자신도 모르게 말이 빨라지게 되고, 말이 빠르다는 걸 인지하는 순간 자신의 긴장을 확인하면서 더 긴장하게 되는 악순환(惡循環)을 겪는 게 일반적이다. 호흡하고 쉬는 것을 여유롭게 조절할 수 있다면 이미 성공한 것이다.

  잠시의 쉼을 갖고 침묵할 수 있는 여유가 쉽게 생길 것 같지만, 생각만큼 결코 쉬운 일이 아니다. 호흡과 마인드 컨트롤, 내용과의 적절성이 조화를 이루며 발휘되었을 때, 쉼은 최대의 효과를 발휘하기 때문이다. 질문을 던지고 적절하게 쉬는 것은 상대방으로 하여금 질문에 대해 생각하는 시간을 갖게 함으로써 주제 속에 몰입하

게 하는 힘을 갖고 있다.

만약 질문을 해놓고 기다려 주지 않는다면, 그것은 진짜 묻는 것이 아니라 의례적인 행동이면서 동시에 헛일을 하는 것에 지나지 않는다. 강사들이 청중을 자신의 이야기에 가장 빨리 끌어들이는 방법은 적절한 질문을 던지는 것인데, 이때 모든 청중을 대상으로 답(答)을 들을 수는 없다. 그러나 질문을 한 후 잠시 말을 끊고 청중과 눈을 마주치면, 이미 강한 공감(共感)은 시작되는 것이다.

현대의 동양화는 서양화와 구분이 안 갈 만큼 화려해졌지만, 고전적 동양화는 흑백의 단조로운 색을 가지고서도 깊은 감동을 준다. 그 감동은 여백에서 나온다고 생각하는데 동양화의 여백에는 서양화에서는 발견할 수 없는, 사람을 편하게 하는 힘과 깊이가 있다. 말하기에서의 쉬기 또한 동양화에서의 여백과 같다. 자신의 일을 강력하게 추진하는 사람이라면, 그 힘을 발휘하기 위해 휴식이 필요한 것처럼 말하기를 강력히 부각시킬 수 있는 일 중 하나는 침묵이다. 상대와 공감하는 소통을 하고 싶다면 말하기에만 집중하지 말고 쉬는 훈련을 해야 한다. 호흡을 다스리고 마음을 다스리고 주도권을 잡으려는 욕심을 버려야 쉬어 갈 수 있다. 침묵은 그런 일들에 힘을 투자할 만한 충분한 가치가 있다.

08

상대의 기억을
재구성하라

P사 협력업체의 강의를 하면서 처음 힘들었던 일이 회사의 이름과 하는 업무를 기억하는 일이었다. 공정이나 생산 분야의 업무 성격을 구체적으로 알지도 못하지만, 비슷한 이름들이 많아서 도대체 헷갈리기가 일쑤였다. 특히 '○○테크'라는 회사 이름이 많아서 새롭게 의뢰된 곳을 전년도에 했던 걸로 기억하기도 하고, 두 회사가 동시에 의뢰되어서 회사의 특성에 맞는 프로그램을 구성하는 동안 두 곳을 바꿔서 계획을 세웠다가 전면 수정하기도 했다.

시간과 노력이 아우러져서 이젠 회사 이름을 말하면 제강, 정비하역 파트 등등 조금은 감(感)을 잡게 되었다. 기억할 수 있는 영역이 확대되면서 장점은 교육을 받는 대상 직원들과 라포르(rapport)를 형성하는 데 도움을 받게 된다는 것과 일의 성격에 따라 회사 전체의 분위기를 파악하는 데 수월해져서 좀 더 근접한 교육을 구성할 수 있게 된다는 것이다. 뜨거운 쇠를 직접 다루는 일을 하는 곳과 시스템을 정비하는 일을 하는 곳은 회사가 추구하는 방향이 확연히 다르고 결국 회사의 분위기도 달라질 수밖에 없기 때문이다. 더욱이 다른 과정에서 만났던 사람을 기억하고 반겨 주면 그날 교육 내내 그는 천군만마(千軍萬馬)가 되어 주어서 많은 도움을 주려고 애쓰는 모습을 볼 수 있다.

　개인적인 관계에서도 사람을 기억하는 일은 중요한 영향을 미치는데, 만약 우리가 두 번째 만남에서 처음 만났을 때의 사소한 일을 기억하고 안부를 물을 수 있다면 상대는 감동을 받을지도 모른다. 반대로 두 번째 만남에서도 첫 만남 때와 동일한 질문을 하는 사람을 본다면 어떤 생각이 들 것 같은가? 어쩌면 그 사람과는 다시는 볼 수 없을지도 모를 일이다.

　미국 뉴욕 경찰청의 아이크 하긴스는 한 번 본 사람은 절대 잊지 않아서 '카메라 렌즈의 사나이'라는 별명을 가지고 있었다고 한다. 기억력 덕분에 국제적인 도둑을 추적하기 위해 은행가와 보석상이 연합으로 구성한 '사립 탐정국'에 스카우트 되었는데, 얼굴도 본 적 없는 범인을 사진만으로도 검거하는가 하면 15년 전 뉴욕 경찰청에서 한 번 만나 본 범인을 기억하여 계좌추적으로 경찰을 돕기도 했다. 이름과 얼굴을 기억하는 놀라운 능력의 비밀을 묻는 사람들에게 그는 이렇게 대답한다.

"특별한 비법이 있는 건 아닙니다. 오랫동안 경관을 했는데 꼭 탐정이 되고 싶었고, 그렇게 하기 위해 매일 아침 전과자의 사진을 보거나 유치장에 있는 사람들의 얼굴을 보고 '이 사람은 이름이 아무개, 별명은 무엇이다. 이 얼굴과 이름, 별명은 어떠한 일이 있더라도 잊지 않겠다.'라고 결심하는 것뿐입니다."

그는 초면인 사람을 만나면 입속으로 다시 이름을 되풀이해 보고, 다시 만나게 되면 되풀이해서 써 보고, 사람을 만났을 때는 얼굴을 똑바로 쳐다보고 정확한 발음으로 이름을 불러 보며, 잠들기 전에 그날 만난 사람들의 이름을 전부 불러 보는 일을 반복했다고 한다. 혹여 얼굴은 기억나지만 이름이 기억나지 않는 사람은 포기하지 않고 다시 기억할 때까지 되풀이해서 말했다고 한다. 그의 초인적인 기억력은 강력한 필요와 끊임없는 노력에 의해 만들어진 것이다. 사람의 기억력은 훈련에 의해 확장될 수 있다는 걸 보여 준 실례이다.

성공한 사람은 만남을 소홀히 하지 않는다. 자주 만나서 관계를 발전시킬 수도 있지만, 한두 번의 만남으로도 강렬한 인상을 심거나 끈끈한 관계를 만든다. 이름을 기억하는 건 기본이고 외모에서의 특징이나 대화를 통해 알게 된 특별한 사항을 기억해 두었다가 질문을 하거나 안부를 전한다. 기억력에 자신이 없는 사람이라면, 만남이 끝난 후에 메모해 두고 다음 만남 전에 복기하는 정성을 보여야 한다. "헤어스타일이 바뀌셨네요.", "좀 야위셨네요.", "지난

번 검정 옷보다 이 색이 훨씬 잘 어울리는 것 같아요." 그것이 어떤 말이든 상대의 변화를 감지하는 말을 하는 것은 관심을 표현하는 좋은 방법이다.

단, 확실한 사항이 아닐 경우에는 오히려 호들갑스럽거나 상투적으로 들릴 수 있으므로 조심해야 한다. 이런 표현들을 상투적으로 만들지 않는 방법 중 하나는 대화 속에서 셜록 홈즈의 확대경을 사용하는 것이다. 상대가 무심코 나타내는 흔적이나 사소한 말에서 중요한 화젯거리를 찾거나 특별함을 기억할 수 있는 단서를 발견할 수 있다.

노인 요양사로 근무하는 지인이 있는데, 요양사를 하면서 겪는 어려움 중 하나는 가족에게 버려졌다거나 상처를 받았다거나 하는 일들로 마음의 빗장을 닫아 버린 어르신들의 마음을 여는 일이라고 한다. 누구에게도 마음을 열지 않고 아무리 말을 걸어도 퉁명스런 대꾸밖에 하지 않는 할머니 한 분이 계시는데, 본인도 이제는 포기했다고 한다. 그날도 비가 갠 날이라 "할머니, 비가 개고 나니까 하늘이 깨끗해져서 정말 좋지요?"라고 인사했더니 "비가 오면 팔다리나 쑤실 뿐이지. 젊다고 자랑하는 거야? 나무들이나 싱싱해질지 몰라도……."라는 핀잔만 들었다는 것이다.

할머니의 말에 확대경을 적용해 보면, 나무를 좋아하느냐고 물어봤어야 한다. 실제로 할머니는 할아버지와 오랫동안 화원을 경영했다고 한다. 지인은 결국 할머니에게 화분을 선물했고, 할머니가 그렇게 말을 잘할 줄 몰랐다고 이야기한다. 관심을 갖고 보면 상대의

말이나 행동에서 관계를 맺을 단서를 발견하게 되고, 그런 작은 것
들을 기억해서 반응하고 되돌려 주는 일은 인간 관계를 더욱 돈독하
고 한층 풍요롭게 만든다.

09

트렌드 감각을
길러라

자녀 세대와 부모 세대는 마음을 열고 이야기하기가 쉽지 않다. 가장 먼저는 공통 화제를 찾기가 쉽지 않고, 부모는 자녀와 대화를 시도하는 방법으로 자녀의 상황을 체크하는 소재로 말을 꺼내는 일이 대부분이라는 점 때문이다. 그래서 부모에게 자녀는 늘 퉁명스럽고 자녀는 부모가 자신을 감시하려고만 한다고 여기기 쉽다. 이런 선입견은 더욱더 대화를 차단시키는 역할을 해서 종국엔 한집에 살면서도 서로 외롭다고 말하는 상황에까지 이르게 된다.

이러한 세대 간의 단절은 가정에서만의 문제로 끝나지 않고, 기업에서의 세대 간 소통 문제로 이어진다. 기업 내에서의 세대 간 차이는 업무 속도를 지연시키는 문제부터 시작해서 서로 간의 불신을 낳고 급기야는 이직률로 나타난다. 기업 현장에서는 늘 경력이 낮은 사원들만 교체되는 경향이 있는데, 이 때문에 결국 세대 간 격차는 더 심해지는 악순환이 계속되기도 한다. 그래서 부모교육에서는 자녀와의 대화법이, 팀장교육에서는 세대 간 소통이 빠질 수 없는 주제가 된다.

젊은이들은 그들의 부모를 닮기보다는 그들이 살고 있는 시대를 닮는다는 말이 있다. 얼굴 생김새야 부모를 닮을 수밖에 없겠지만, 사고방식과 행동 양식 면에서는 부모보다 비슷한 또래를 닮게 된다는 것이다. 신세대의 특징을 크게 세 가지로 나누어 볼 수 있는데, 첫째는 소비 지향적 성향으로 물질주의, 낭비성향, 일보다 여가를 중시하는 특징 등이다. 둘째는 개인 지향적 성향으로, 이는 곧 다양성, 개방성, 자율성을 추구하는 등 탈 획일주의와 자유분방함으로 나타낼 수 있다. 마지막은 탈 권위주의적인 성향인데, 전통적 예절이나 격식, 권위주의적 통제에 대한 저항과 거부하는 모습을 말한다.

어른 세대와 신세대는 자란 환경이 현저하게 다르다. 다를 수밖에 없는 젊은 세대에게 "아빠 어렸을 때는", 또는 "요즘 젊은 애들은"이라는 등의 말로 이야기를 시작하면 대화하기를 포기해야 한다. 젊은이들은 이미 고리타분한 말이나 현 세태에는 맞지 않는 한심한 말을 시작할 것이라는 걸 알기 때문에 마음의 문을 닫을 뿐만 아니라 이런 말을 사용하는 사람은 말이 안 통하는 사람으로 각인하기 때문이다. 따라서 이야기를 시작할 수 있는 작은 단서들을 찾아서 말을 찾을 수 있어야 한다.

딸아이랑 음악 프로그램을 시청(視聽)하고 있는데, '카이'라는 가수가 나와서 노래를 부르는 장면이 클로즈업 되었다. 너무나도 잘 부르는 모습에 "쟤는 춤도 잘 추더니만 노래도 진짜 잘하네."라고 감탄을 하며 이야기를 꺼냈다. "어? EXO 카이를 말하는 거야? 그 카이 아니고 저건 다른 카이야. 카이가 둘이거든. 근데 엄마 EXO 카이도 알아? 오!" 딸아이는 눈을 동그랗게 뜨고 놀라워했다. 그날 텔레비전을 보며 EXO의 멤버들 이야기에서 요즘 나오는 아이돌 이야기로 넘어가며, 수가 너무 많고 비슷하게 생긴 얼굴들이 많아서 기억을 못하겠다는 이야기와 함께 패션, 노래 등 다양한 이야기 주제로 옮겨 갔다. 딸은 자신도 그룹이 너무 많아서 일일이 다 기억 못한다는 말도 덧붙였다.

어차피 아무리 따라가려 해도 신세대의 감각과 유행을 다 이해할 수는 없다. 중년 남성들에게 변함없는 부동의 1위를 차지하는 걸 그룹이 씨스타일지라도 노래방에서 씨스타 노래를 부를 수는 없고, 요즘 취향의 노래가 나오는 프로그램보다는 〈나는 가수다〉나 〈불후의 명곡〉의 리메이크 노래들이 훨씬 맘 편하고 좋다. 젊은 세대들도 우리가 그들의 문화를 백 프로 알기를 원하는 건 아닐 것이다. 아이돌 그룹의 멤버 이름 하나를 아는 것만으로도 대화를 나눌 수 있는 단서를 만들려고 노력한다는 생각에 마음을 열어 주는 것이다.

모든 말을 줄여서 하는 신세대들 때문에 많은 말들을 무슨 뜻인지 물어봐야 하지만, 늘 말을 똑바로 하라고 나무랄 수만은 없는 노릇이다. 공격적인 상대에게 누구나 공격적인 자세를 취하게 되는 것은 인지상정이다. 신세대를 경망함으로 몰고 간다면 그들은 우리 세대를 고리타분한 뒷방 늙은이 취급을 할 게 뻔하다. 누구든 마음을 열고 다가가야 소통의 실마리를 풀 수 있다. 긍정의 눈으로 들여다보면, 누군가의 눈치를 보지 않고 자신이 하고 싶은 일을 저지르고, 인터넷을 통해 세계를 문턱 없이 드나들고, 아르바이트로 번 돈을 털어서 훌훌 배낭여행을 떠날 수 있는 그들이 대단해 보이는 건 사실이다.

흉내 낼 수 없는 신세대만의 장점을 활용하고 어우러지기 위해서는 세상을 조금 더 산 어른들이 눈높이를 낮춰 주어야 한다. 그들의 문화를 관심 있게 살펴보고 배울 수 있는 것들은 배우면서 작은 것들 먼저 소통해 보자. 모자는 캡을 말아서 동그랗게 쓰는 것이 아니라 반듯한 모습 그대로 살짝 써야 하고, 바지는 배꼽 위로 절대 올리지 말아야 하며, 앉았을 때 신발 위로 양말이 보이는 일은 만들지 말아야 한다. 또 신세대들이 쓰는 말을 조금은 알아들을 수 있도록 감각을 가지도록 노력해야 한다. 말이 통해야 소통이 일어나는 건 당연한 일일 것이므로 그들이 사용하는 언어도 조금은 익혀 두어야 한다.

나이 드는 일은 자연스러운 것이지만, 그것이 훈장이 되어서는 안 된다. 나이에 어울리는 모습을 갖추고서도 젊은 세대와 소통할 수 있는 감각을 가지고 있는 어른을 만나는 일은 한여름 소나기를 만나는 일처럼 시원할 것 같다.

10

생각의 차이를
극복하라

등산 팀에 합류해서 봄을 맞이하는 계절, 4월에 한려수도에 있는 섬, 금오도 비렁길을 다녀왔다. 남해바다를 끼고 이어지는 섬 해안가를 따라 펼쳐진 짙은 색의 바다와 바위의 절경이 눈을 뗄 수 없게 만드는 비렁길의 풍경이었다. 1코스부터 5코스까지는 하루 만에 돌아볼 수 없는 거리라 목표는 3코스까지였는데, 개인의 체력에 따라 2코스까지만 갈 사람은 2코스 끝에서 쉬고 3코스를 가는 사람은 3코스 끝에서 기다리는 차를 탄 다음 2코스 끝에 있는 사람들을 태우러 선착장까지 가기로 했다.

그런데 3코스의 난이도가 다소 높은 탓에 예상 시간보다 길어지면서 배 시간이 촉박해졌는데, 문제는 비렁도가 친정인 사람이 친정을 들르는 바람에 태우러 가야 하는 일이 발생하면서 커졌다. 어디로 데리러 가야 하는지를 물어봤더니 선착장 가는 길에 있다는 것이다. 그 말을 들은 누군가가 3코스부터 시작하는 사람들을 내려주는 작은 선착장이 있는데, 그곳이 2코스 끝이니까 거기일 거라고 해서 급히 차를 돌렸다.

시간은 촉박하고 확신은 없어서 다시 전화를 했더니, 무조건 길 따라 오면 된다는 것이다. 섬을 도는 길은 오른쪽이든 왼쪽이든 계속 연결되어 있는데 무조건 앞으로 오라고 하는 걸 이해할 수가 없어서 "차를 한번 돌려서 정확히 모르겠는데 어느 쪽이냐?"고 물어도 본토박이인 그 분은 계속해서 선착장까지의 길은 하나라고만 답했다. 우여곡절 끝에 겨우 배를 탄 일행은 한숨을 돌리고 나서야 어이없는 그 상황에 웃음이 나왔다.

사람은 일반적으로 자신의 입장에서 상황을 보게 된다. 특히 본인에게 익숙한 일에 대해서는 더욱더 이런 오류를 일으킬 확률이 높다. 자신에게 섬은 익숙한 곳이고 그 지점쯤에서 선착장으로 가는 길은 빤하기 때문에 길이 하나라고 생각하는 건 당연하겠지만, 처음 방문한 사람은 거꾸로 먼 길을 돌아 선착장을 갈 수도 있다는 사실은 간과하게 되는 것이다. 그리고 한번 고정된 생각은 아무리 설명을 해도 바뀌지 않는다. 결국 양쪽은 각각 자기 입장을 설명하느라 팽팽하게 맞서고 점점 상대를 답답하게 여기면서 언성은 높아만 간다.

누군가 감정을 조절하고 두 사람이 각자 자신의 입장에서만 이야기를 하고 있는 상황을 객관적으로 설명할 수 있어야 비로소 이야기의 실마리를 풀 수 있다. 사람들의 머릿속에는 한번 길이 만들어지면 그 길의 방향을 바꾸기가 어지간해서는 쉽지 않다. 더구나 서로 다른 생각으로 부딪히는 상황에서 힘겨루기의 상황까지 겹쳐지면, 그 길이 혹여 잘못된 것이라도 절대 바꿀 수 없어진다. 자기 입장에서는 자신의 생각이 옳아서 다른 이야기를 하는 상대를 이해하기 힘든데, 상대가 자신의 말을 관철시키기 위해 강압적인 모습을 보인다면 절대 양보하고 싶지 않은 고집까지 발동하게 된다. 결국 해결해야 할 문제는 저 멀리 달아나고 서로의 주도권 싸움에 돌입하게 되는데, 사람은 누구나 이 싸움에서 이기려고 들게 되어 있어서 결국 이성적인 조율은 어렵게 되고 마는 것이다.

사람은 보통 상대와 대립할 때 3단계의 감정 변화를 일으킨다고 한다. 1단계에는 흥분, 욕심, 분노, 고집, 복수심 등을 느끼고, 2단계에는 불안, 초조, 앞으로 상황에 대한 예감 등의 감정을 느낀다. 마지막 3단계에는 초연함, 평정심 등을 느끼게 된다. 대부분의 사람들은 1단계에서 충동적인 행동을 하게 되는데, 이때 나타나는 것들이 언성이 높아진다거나 얼굴을 굳히는 등의 신체적인 표현이다.

실리적인 결과를 얻기 위해서는 1단계에서 감정을 절제하고 행동으로 표출되는 것을 막아야 한다. 즉, 상대가 목소리를 높여도 차분하게 목소리를 낮추고 천천히 대응하는 것이 바람직한데, 한쪽에서 이런 대응을 하다 보면 상대의 목소리도 차츰 낮아지는 것을 느낄 수 있다. 또 차분하게 대응했을 때 서로의 차이나 오류를 발견할 수 있고, 이야기를 풀 수 있는 단서를 발견할 수 있다.

감정을 통제하는 사람은 폭넓은 시야를 가질 수 있고, 전체를 살필 수 있는 여유를 확보하게 된다. 이 상황이 서로의 힘겨루기가 주된 목적이 아니라 문제를 해결하는 것이 본질임을 먼저 깨닫는 사람은 감정을 통제하는 사람인 것이다. 흥분이나 분노, 고집 등 1단계의 감정이 생긴다고 느낄 때 심호흡을 하고 천천히 말을 하면서 감정이 가라앉을 시간을 확보하는 것이 좋다. 흥분과 이성은 우리의 머릿속에서 함께 공존할 수 없는 감정이어서 흥분을 한 상태에서는 절대로 이성적인 판단할 수 없다.

첨예하게 대립되는 대화에서 한 사람이 감정을 절제하는 일은 그 한 사람의 문제로 끝나는 것이 아니라 상대에게도 파급 효과가 있어서, 훨씬 빠른 시간에 문제를 해결할 수 있는 상황을 만들어 준다. 생활 속에서 서로 다른 생각을 가진 사람을 만나는 일은 너무 흔하다. 그럴 때 먼저 감정을 절제하는 사람이 힘을 빼지 않고 문제를 해결할 수 있음을 잊지 말아야 한다. 문제 해결뿐 아니라 주도권마저 덤으로 온다는 사실도 명심해야 할 일이다.

Chapter
02

정의로운 마음으로

누구에겐가 기억되고 싶다면 그의 관심거리에 근거한
잡담을 나눌 수 있어야 한다.
유쾌한 분위기에서 자신이 좋아하는 영역에 대한 잡
담을 나눈 사람은 잊을 수 없기 때문이다.

01

끝까지
주자

결혼식에 참석하러 가는 토요일, 갑자기 더워진 날씨에 장롱 깊숙이 넣어 두었던 여름 원피스를 꺼내 입었다. 그런데 이게 무슨 일인지 앞자락 가운데가 한 뼘은 말려 올라가 있는 게 아닌가. 시간이 없어서 다림질을 잘못했나 본데, 작년에 확인하고 넣어 뒀어야 하는데 이제야 확인한 것이다. 일단 결혼식부터 다녀와서 세탁소에 가져가서 다시 다려 달라고 해야겠다고 생각했다.

그렇게 가볍게 생각했었는데, 이게 어찌 된 영문인지 예기치 않게 그로부터 세탁소를 예닐곱 번은 드나들어야 했다. 옷은 매번 원래대로 복구되지 않았지만 괜히 미안한 마음에 주인아저씨가 할 수 있는 데까지 기회를 주어야겠다고 생각했다. 결과는 번번이 실패했고, 법적인 기준까지 동원하며 주인이 제시하는 금액을 받게 되었다. 함께 산 윗옷을 버리게 되어 돈을 보태서 이월 상품을 구입하는 것으로 마무리 지었다.

그런데 내가 키가 커서 원피스를 구입하면 길이를 내는 수선을 해야 하는데, 여기서 문제가 시작되었다. 속사정을 알고 있는 곳에다가 맡겨야 되겠다 싶어서 같은 세탁소에 옷을 맡겼고, 수선비를 내면서 농담처럼, 다시 구입하면서 돈도 보태고 수선비도 들어 손해가 많다고 말을 했더니 "손해난 거 말도 마!"라고 말을 던진 아저씨는 내가 가게를 나오기도 전에 돌아앉아서 다림질을 시작했다. 돌아오면서 휙 돌아앉은 뒷모습이 떠오르면서 점점 화가 났다. 급기야는 돈을 물어 준 일이 속상하기도 하겠지만, 가만히 있다가 손해를 입은 사람도 있는데 저렇게 행동을 하는 건 그동안 화 한번 안 냈더니 사람을 아주 우습게 알고 한 행동이라는 생각이 들었다. 그래서 다시는 세탁소 주인아저씨와 웃으며 이야기를 나누지 않아야겠다고 생각했다.

잊어버린 듯 한참을 지내다가 다시 세탁소를 갔을 때는 이미 딱딱하게 말을 하고 있는 나 자신을 발견할 수 있었다. 이왕 피차 손해 보고 해결한 일인데 끝까지 조심해서 맘 상하게 하지 말았으면 하는 아쉬움이 드는 순간이었다. 가끔 실컷 애를 쓰고도 생색을 내는 행동 때문에 애쓴 공이 날아가곤 한다. 자신도 모르게 손해를 보고 있는 티를 내고 싶어지는 것이다. 하지만 아차 하는 순간에 내 생색이나 툴툴거림으로 인해 감사는커녕 속 좁은 사람이 되어 버리고 만다.

우리 속에는 끊임없이 자신을 드러내고 싶어하는 욕망이 숨어 있다. 하지만 그 얄팍한 본능을 이겨 내야 한다. 계산을 가지고 했든 순수하게 했든, 긴장하지 않으면 마지막 순간에 생색을 내고 싶어질 확률이 높다. 그 짧은 순간을 조심하지 않으면 실컷 애쓰고도 속 좁은 사람이 되는 것이다. 어쩌면 매슬로우가 말하는 욕구 5단계 중 인정의 욕구를 채우고 싶어 하는 본능이 있다는 것이 맞는 말인지도 모르겠다.

나 또한 그 짧은 순간의 잘못으로 애쓴 노력이 날아가는 것을 경험한다. 말을 뱉는 순간 아차 하는 맘이 들지만, 입을 벗어난 말은 이미 주워 담을 수 없는 상황을 만들어 버린다. 답답하게 미적거리는 걸 못 보는 성격이어서, 일이 있으면 먼저 정리하려들면서 늦게 움직이는 사람에게 그만 불편한 표를 내고 마는 것이다. 또 무슨 일을 혼자 해 놓았는데 아무도 몰라주면 서운한 마음도 든다. 그리고 그런 서운함이 몇 번 겹치면 결국 말로 표현하고 만다. '도대체 나의 품성은 왜 이렇게 얄팍할까?'라는 자책감을 가져 본 적이 한두 번이 아니다.

학자들의 말에 근거를 두고, 어린 시절 칭찬을 받지 않아서 그 결핍을 보상받으려 하고 있다는 생각도 해 보았다. 실제로 어린 시절과의 상관관계는 어느 정도 근거가 있는 말이기도 하고, 주변에서도 보상 심리로 인해 성인답지 못한 행동을 하는 사람들을 흔하게 접할 수도 있다. 내가 기억하는 어린 시절의 감정 중엔 좀 더 잘해 주기를 바라시는 부모님과 그 기대를 채워 드리지 못하는 자신의 부족함에 대한 괴리감이 있다. 그래서 칭찬받으며 존재감을 확인하고 싶어 하는지도 모른다.

그러나 반백을 넘기려는 나이에 언제까지나 어린 시절 운운하며 실수에 대한 변명을 하고 있을 수는 없는 일이 아닌가. 나이가 들면 무조건 어른이 되는 것이 아니라 어른으로 보이기 위해 늘 긴장해야 한다는 최정재 시인의 이야기처럼 성숙함을 위해 노력해야 할 것이다. 그때의 어떤 상황에서 무언가를 주어야겠다고 마음먹었다가도, 시간이 지나면 주려고 했던 것들이 아까워질 때가 있다. 이미 주겠다고 한 것을 안 지킬 수는 없으니, 귀한 건데 준다거나 특별히 준다거나 하는 생색의 말이 꼬리표처럼 따라붙게 되는 것이다. 이는 줄 거 다 주면서도 고맙다는 생각을 싹 가시게 하는 행동이다.

무언가를 해 주려면 티를 내지 않고 해 주어야 상대가 진정으로 고마운 마음을 갖게 될 것이다. 그러니 주려거든 여러 생각이 들기 전에 바로 주고, 남기지 말고 제대로 주어야 고맙다는 이야기라도 들을 수 있다. 물건만 줄 수 있는 건 아니다. 말로 줄 수 있는 최상의 것은 칭찬이라고 생각한다. 적절한 칭찬은 기분을 좋게 할 뿐만 아니라 사람 사이의 윤활유가 된다는 건 누구나 다 알고 있다. 그런데 이 칭찬조차도 이상하게 기분을 언짢게 만드는 사람이 있다.

딸아이가 빵 가게에서 잠시 아르바이트를 한 적이 있다. 매장에 있는 빵 이름을 다 외우는 게 출근하고 처음 받아 든 미션이었는데,

불시에 점검을 하는 사장님의 질문에 막힘 없이 대답하고 나면 "머리는 나쁘지 않네."라고 말을 하고 지나간다고 한다. 그냥 잘 기억한다고 말하면 될 걸 왜 그렇게 말하는지 모르겠다며, 그 말을 듣고 나면 이상하게 기분이 나빠진다고 한다.

칭찬도 하려면 아낌없이, 그것도 상대가 기분이 좋아지게 해야 한다. 그래야 칭찬을 하는 원래의 목적이 살아나는 것이기 때문이다. "세상에서 가장 큰 자산은 사람"이란 말이 있다. 어려운 일을 겪을 때, 비로소 사람에게 얼마나 쌓고 살았는지 표가 난다.

사람의 마음을 가져오는 일, 그건 아낌없이 군말 없이 주는 '말'에서부터 시작될 수도 있다.

02

긍정이
최고!

　기업의 교육을 시작하기 전, 그 기업의 사전 정보를 다양하게 파악하고 경영진의 분위기와 의도를 알아야 원하는 결과에 도달하기에 쉽다는 이유로 적게는 한두 번에서 많게는 수십 번씩 미팅을 한다. 그런데 가끔 자신의 직원들을 보면 실망할 수 있다거나, 수준을 높게 보지 말고 교육할 것을 당부하는 임원을 만날 때가 있다. 아마도 정확한 현상을 파악하라는 조언이겠지만, 교육을 시작도 하기 전에 듣는 그 말의 파장은 의외로 크다.

　나는 그 말을 교육의 레벨을 조정하는 의미로 받아들이지 않는다. 임원과 직원 간의 신뢰도나 회사 자체의 화합의 정도로 받아들여야 한다는 게 경험에서 나온 결론이다. 실제로 임원이 말한 것보다 학습에 대한 의지를 불태우는 직원이 많다는 걸 발견하는 일이 다반사이기 때문에 그 말은 거꾸로 부메랑처럼 그 임원의 리더십을 살펴보는 계기를 만들기도 한다.

사람이 하는 말속엔 그 사람의 생각이 담긴다. 이 때문에 사람이나 상황을 보는 눈이 부정적인 사람은 자신도 모르는 사이에 부정적인 면을 전달하게 된다. 그런 경향은 당연히 한 부분에서만 나타나는 건 아니기에 경영에서도 부정적인 면에 초점을 맞추어 직원들에게 전달될 것이고, 당연히 노사관계에도 부정적인 영향을 끼칠 것이다. 그런데 더 놀라운 사실은 처음 만났을 때 왠지 부정적인 이야기를 할 것 같은 인상을 주는 사람은 대부분 그런 이야기를 한다는 것이다.

젊은 시절 많은 인기를 누렸고 특히 남자들에게 참한 인상을 주었던 여자 연예인이 다소는 요란한 결혼을 하고, 한동안 대중에게 나타나지 않다가 복귀작을 골라서 다시 활동을 했을 때의 일이다. 어떤 남자분이 하는 말이 "그 배우가 사는 게 편하지는 않은가 보다." 라고 말했다. 얼굴이 어두워 보이더라는 것이다. 맡은 역할이 그래서 몰두하는 것일 거라고 이야기하고 한참을 잊고 있었는데, 우연히 지나간 드라마들을 리뷰하는 프로그램에서 그 여배우의 옛날 출연작을 보게 되었다. 그때 새삼 어두워 보인다던 그 말의 의미를 알 것 같았다.

사람은 누구나 타인들에게 밝은 모습, 긍정적인 모습으로 보이고 싶을 것이다. 그렇지 못하는 데는 어떤 형태로든 환경이 영향을 미쳤을 것이고, 부정적인 환경이 주는 사인에 오래 젖다 보면 부정적인 정체성으로 고착되는 것이다. 하지만 사람이 살아가는 일에 힘든 일이 없을 수 없고, 낙담하는 일을 만나지 않을 수 없다. 사람들과 이야기를 나누다 보면 모든 사람의 삶이 드라마 같고 한두 가지쯤 걱정이 없는 사람이 없다는 걸 알게 된다. 그래서 정현종 시인은 그의 시에서 "사람이 온다는 건 실로 어마어마한 일이다. 한 사람의 인생이 오기 때문이다."라고 노래하였나 보다.

사람의 말속에는 그의 인생이 녹아 있기에 결국 개인의 책임이라기보다는 부정적인 말은 부정적 환경에서 그 원인을 찾아야 할지도 모를 일이다.

그러나 또 한 가지 깨닫는 건 환경이 어렵다고 해서 모든 사람이 어두운 얼굴을 하고 있는 건 아니라는 사실이다. 미용실을 하면서 남 앞에서 말을 잘하고 싶다고 스피치를 배우러 온 50대 원장님은 주변 동료들로부터 인기가 많은 분이었다. 늘 활기차고 자신의 부족함을 스스럼없이 드러내는 성격이 주변 동료들로 하여금 그를 챙길 수밖에 없도록 만들었기 때문이다.

나중에 안 사실은 제대로 알지도 못하고 결혼을 한 탓에 결혼하면서부터 남편은 병상을 지켜야 했고, 그분이 평생 미용실을 해서 자식들을 키웠다고 한다. 그리고 이제 나이가 들어서 비로소 자신을 돌아보게 되면서 이런 것도 배우러 오게 되었다고 했다. 쉽지 않은 환경에서 밝은 모습을 유지할 수 있는 게 존경스럽기까지 했는데,

아픈 남편이라도 그렇게 있어 주어 아이들이 바르게 자랄 수 있었고 맘으로도 의지할 수 있어서 감사하다고 했다.

힘든 일을 겪게 되면 "왜 내가?"라는 말이 먼저 나온다. 하지만 그렇게 탓을 해서는 끝이 나지 않는다. 걷잡을 수 없이 나락으로 빠져든 마음은 점점 지옥이 되어 간다. 나는 부정의 생각이 싹을 틔우려는 징조를 보이면 지금 내게 있는 것들에 대해, 그리고 더 나빠지지 않은 상황들에 대해 감사하다는 말을 크게 말한다. 마음속으로만 말을 하는 것이 아니라, 내 귀에 그 말이 들리도록 크게 이야기하는 게 나의 비법이라면 비법이다.

어느 순간 긍정의 끈을 놓치면 부정이 엄습해서 우울증을 앓게 되고, 그 감정에서 빠져나오느라 며칠의 시간을 허비하게 되기에, 그래도 더 나빠지지 않아서 감사하고, 이거라도 있어서 다행이라고 말한다. 그렇게 말하다 보면 어느새 절망스럽지만은 않다는 느낌이 든다. 환경이 바뀔 때까지 기다리다가는 우울한 감정에 먹혀서 살 수 없을 것 같아서 시작한 일이지만, 실제 환경을 넘어서 밝은 모습을 유지하는 사람들은 심리학에서 말하는 불가용성의 원칙, 즉 남의 것이 더 커 보인다는 생각을 하지 않고 자신에게 있는 것들을 감사하는 사람들이라는 것을 알게 되었다.

처음엔 쉽지 않지만 감사의 말을 하다 보면 긍정의 생각이 만들어지고, 긍정적 생각은 에너지를 만드는 효과가 있어 돌파구를 만들 힘을 키운다. 이런 사이클을 몸에 체득하기 위해서는 훈련이 필요하겠지만, 그 시작은 일부러라도 만들어 내는 긍정의 말에서부터 출발한다. 또한 그러한 긍정의 말은 사람의 긍정적인 태도를 판단하는 기준이 되기도 한다.

긍정의 자세가 익숙해지면 그 사람의 얼굴이 변한다는 걸 알 수 있다. 밝은 얼굴빛과 온화한 눈빛, 부드러운 입매까지. 이런 것들은 당연하게 볼 수 있는 것들이고, 함께 있으면 기분 좋게 만드는 에너지까지 느끼게 된다. 이는 아무리 값비싼 성형술을 동원해도 도무지 흉내 낼 수 없는 것들이다. 지금 어떤 말을 하고 있는지를 스스로 평가해 보면 몇 년 후에 더 늙고 매력 없는 사람이 될 것인지, 아니면 호감을 주는 사람으로 늙어 갈 것인지를 금방 알 수 있을 것이다.

긍정의 말을 하는 사람은 분위기를 바꿀 수 있는 힘이 있어서 언제든 전세를 역전시킬 수 있다. 박인비 선수는 골프 전문가들 사이에 가장 긍정적인 사람으로 꼽힌다. 2013년 us 여자오픈 3라운드 초반, 6번과 7번 홀에서 연달아 보기를 범하며 심하게 흔들렸다고 한다. 웬만하면 부담을 느껴서 낙담할 만도 한데, 박인비 선수는 캐디에게 "괜찮아요. 아직 초반인데, 뭐. 홀이 많이 남았잖아요."라고 말했다고 한다. 이 말은 실수를 잊게 하는 긍정적 예언의 힘을 발휘했고, 결국은 우승컵을 들어올리게 만들었다.

나를 빛나게 하는 힘, 나의 상황을 역전시키는 힘은 결국 말에서 시작된다.

03

뒷담화를
하지 마라

어렸을 때 나는 뒷담화란 단어를 '뒷다마'인 줄 알고 있었다. 우리나라에서는 아직까지도 은근히 일본의 잔재가 남아 있는 말들이 아직 쓰이고 있지만, 어린 시절에는 그 정도가 더 심했기에 구슬치기를 '다마치기'라고 말하는 어른들이 많았다. 그래서 뒤에서 남의 말을 하는 것을 뒤에서 머리를 치는 일쯤에 비유해서 그렇게 말하나 보다 했었다. 생각해 보면 어이없지만, 아무튼 남의 뒤통수를 치는 일이라고 여겼던 것 같다.

LG경제연구원의 자료에 의하면, 직장 내에서 70%는 뒷담화를 해 본 경험이 있고, 10명 중 9명은 뒷담화가 증가하고 있다고 답변

했다고 한다. 뒷담화의 소재는 직장상사가 가장 많았고, 그 다음은 동료로 나타났다. 흥미로운 일은 처음 발원지가 된 사람뿐 아니라 맞장구를 치는 동조자들도 험담을 하는 순간 묘한 쾌감을 느꼈다는 것이다.

문제는 뒷담화는 한번 생성되면 영원히 소멸되지 않는다는 점이다. 소멸되기커녕 횟수를 거듭하면서 점점 강해지는 터미네이터의 영화 속 악당쯤의 모습일지도 모르겠다. "너는 친하니까 말해 주는 거야." 또는 "너만 알아야 해."라고 시작된 뒷담화가 그 자리에서만 입에 오르내리고 없어지는 일은 절대 일어나지 않는다. 몇 사람이 모여서 했든 상관없이 누군가의 뒷담화가 돌고 돌아 본인에게 전해지고, 결국 누가 먼저 이야기를 했는지까지 알려지는 경우도 어렵지 않게 볼 수 있다.

뒷담화를 하는 이유에 대해 여린 동물들이 보호색을 가져서 자신을 보호하려고 하는 최소한의 방어기능을 가진 것처럼 사람도 자기 자신을 지키려는 본능이라고 이야기하는 사람도 있다. 감정적 이유들도 몇 가지 있겠지만 표현상의 이유에서 원인을 찾아보면 우선은, 대면해서 자신의 소신을 밝힐 수 없는 마음이거나 관계일 때 앞에서 이야기하지 못하는 것들이 쌓여서 뒷담화로 나타나게 된다. 둘째는, 자신의 감정을 차근차근 밝히는 것이 습관화되어 있지 않은 사람이 폭발하거나 뒷담화로 자신의 기분을 설명하는 경우가 많다는 것이다.

"앞에서 말할 수 없는 말은 뒤에서 말하지 말라."는 말이 있지만,

불편한 사실이나 건의할 일을 상사에게 액면 그대로 이야기할 수 있는 사람은 아마 없을 것이다. 하지만 우리는 자신의 속을 있는 그대로 이야기할 수는 없더라도 정당한 불편함이라면 전달할 수 있어야 한다. 그러기 위해서는 우선 관계 맺음이 잘되어 있어야 할 것이다. 아무리 불편한 이야기라도 우호적인 관계의 사람이 이야기하면 덜 불편하게 느끼는 게 인지상정이기 때문이다. 그런 후에 상대의 감정을, 특히 자존심을 건드리지 않고 이야기를 전달할 수 있는 대화법을 사용해야 한다.

젊은 교사 시절, 관리적인 업무도 함께 수행해야 하는 선배들이 동료교사보다는 학교 측의 입장이 되어 불이익을 주려는 일의 조짐이 보이면, 눈치가 빠르고 불의를 보고 못 참는 성격 탓에 참 많이도 대들고 싸움도 자청했었다. 그러던 내가 나이를 먹고 보니, 아무리 잘못을 했더라도 새까맣게 어린 후배들이 다른 사람들이 보는 앞에서 대들면 스스로 잘못을 깨달았더라도 절대로 인정할 수 없다는 걸 깨닫게 되었다. 그 선배도 그랬으리라. 다시 그때로 돌아간다면 그런 미련한 싸움을 하지 않을 거란 생각과 함께 상대의 자존심을 살리면서 나의 뜻을 관철시킬 수 있는 것이 영리한 일임을 뼈저리게 느꼈다.

사람은 자신이 보호받지 못한다는 생각이 들면 공격적인 성향을 보이고 자신만의 것을 지키기 위해 정보를 공유하지 않는 폐쇄성을 나타낸다고 한다. 물론 불공정한 리더십을 발휘하는 상사가 있다는 건 인정하지만, 때로는 나의 공격적인 대화법이나 태도가 상사를 그렇게 만들기도 하고 그로 인해 불편함을 겪는 일이 나에게로 돌아와 다시 뒷담화를 하게 만드는 악순환이 이루어지고 있는 건 아닌지 한 번쯤은 돌아볼 필요도 있다.

참는 것이 미덕이라고 여기는 우리의 문화는 그때그때 감정을 표현하지 않는 습관을 만들어 왔다. 하지만 표현하지 않는다고 해서 사람의 감정이 절제되는 것은 아니다. 어느 한계점에 도달하면 즉흥적인 성향의 사람들은 앞뒤 안 가리고 폭발하게 될 것이고, 소극적인 사람은 제3의 사람을 붙잡고 하소연을 하면서 결국 뒷담화를 하게 될 것이다.

자신의 뜻과 다르거나 불합리하다고 생각되는 일에 대해서는 참지 말고 표현하는 연습을 해야만 한다. 상대를 탓하거나 상대의 기분을 상하게 하지 않고 그 일에 대한 자신의 감정이나 염려를 이야기하는 것도 하나의 훈련이다. 한두 번 시도를 해 보면, 그동안 그렇게 하지 못했던 것이 단지 직면하기를 지나치게 두려워했다는 것에 지나지 않았음을 느낄 것이다. 이런 시도들을 통해서 가능하면 뒷담화의 늪에서 빠져나와야 한다.

뒷담화는 시간이 지나면 반드시 새어 나가게 되어 있고, 어쩌면 그 당사자에게 말을 한 사람이 누구인지와 함께 더 살이 붙어서 전달될지도 모른다. 앞에서는 웃는 얼굴로 대하다가 뒤에서는 남의 말을 하는 사람이라는 소문이 나는 일을 만들고 싶지 않다면 뒷담화는 빨리 멈추는 것이 좋다. 또 보통 사람들은 자기 앞에서 다른 누군가를 험담하는 사람을 보면, 다른 곳에 가서는 자신의 이야기를 할 거란 생각을 하게 된다. 결국 뒷담화로 속은 후련해졌을지 모르지만, 사람이 없는 자리에서는 남의 말을 하는 사람이란 인상을 남겼다는 사실을 잊지 말아야 한다.

용기를 내어서 맘에 있는 이야기를 표현하는 연습을 하다 보면, 뒷담화를 하는 일 또한 줄어들 것이다.

04

생동감이
만남을 부른다

    얼마 전 '유재석의 진짜 목소리'라는 동영상이 SNS에 올라왔다. 처음 전화를 받았을 땐 낯선 중 저음으로 통화를 하는 유재석의 목소리가 들리고, 이후 방송이라는 것을 밝히는 순간, 바로 목소리가 높은 톤으로 바뀌었다. 익히 우리가 잘 알고 있는 유재석의 목소리는 방송용이었다는 것을 알 수 있는 장면이었다. 자신의 역할에 맞는 몫을 해내기 위해 어떤 톤의 목소리로 이야기를 해야 분위기를 띄울 수 있는지를 정확히 알고 그렇게 노력했기 때문에 대부분의 사람들이 방송에서의 목소리를 원래 그의 목소리로 알고 있던 것이다.

사람을 만나서 이야기를 하면 크게 생동감이 있어서 덩달아 힘이 나게 하는 사람과 생기가 없어서 함께 기운이 빠지는 사람의 두 부류로 나뉜다. 생기가 있는 말은 잘 부르는 노래와 비슷해서 리듬·박자·강약 등이 잘 조절되어 있고, 듣는 사람을 기분 좋게 만드는 힘이 깃들어 있다. 목소리 속에 강한 에너지를 담고 있고 상대에게 생동감을 전달하는 힘을 담고 있어야 한다. 자신이 에너지로 충전되어 있어야 전달하는 말에도 힘이 실릴 수 있는데, 그러기 위해서는 자신의 에너지 상태를 점검할 수 있는 객관적인 눈을 가지고 있어야 한다.

　에너지를 보충할 수 있는 방법은 사람마다 또는 상태마다 다를 수 있다. 예를 들면 자신이 알고 있는 것들을 쏟아냈을 때는 지식을 보충해야 하고, 신체적으로나 정신적으로 번 아웃의 상태가 되었을 때는 휴식이 필요하며, 고독에서 오는 우울감은 사람의 관계 속에서 에너지를 보충해야 한다. 또한 태도도 생동감을 주기 위한 요소로 활용할 수 있는데, 미소를 짓거나 얼굴을 밝게 펴거나 박수를 치는 등의 행동은 분명 에너지를 올리는 데 효과가 있다.

　강사들은 강의를 들어가기 전, 혼자 박수를 치거나 기합을 넣은 소리를 내는 등의 행동을 한 후 처음 인사 목소리를 크고 높게 시작하는 등 저마다 여러 가지 행동을 통해 에너지를 끌어올린다. 합창단들이 노래를 하기 전에 얼굴을 활짝 펴고 표정부터 푸는 것은 이런 행동들이 노래의 생동감을 불어넣는 데 도움이 되기 때문이다.

　말을 할 때는 상투적인 표현을 버리고 생동감을 불어넣을 수 있는 방법을 찾아내야 한다. 교과서 같이 바른 이야기를 하는 사람의 말은 옳다는 건 알지만, 어쩐지 듣고 싶은 마음이 들지 않는다. 세계적인 명품 회사인 루이비통에서는 자신들의 회사를 소개하면서 "루이비통에는 세 가지가 없는데, 세일과 아웃소싱, 짝퉁에 대한 관용이다."라고 말했다. 우리 회사의 자긍심은 매우 높다고 표현하는 것보다 훨씬 생동감이 있는 표현이다. 한 조직의 리더라면 특히 자신이 알고 있는 지식을 장황하게 설명하거나 가르치려 드는 경향을 조심해야 한다. 루이비통의 예처럼 사람의 마음을 움직일 수 있는 비유 등을 활동하여 생동감 있게 전달하는 것이 훨씬 효과적이기 때문이다.

두 번째는 추상적인 표현들을 자제하고 구체적으로 표현해야 한다는 것이다. 추상적인 용어들을 또다시 추상적으로 설명하면 오히려 더 애매모호해질 뿐이다. 조선일보 정치부장이 권력에 대한 칼럼을 쓰면서 권력에 대해 "외국에 나가고 싶을 때 없는 비행기 표를 금세 구할 수 있고, 자신이나 가족이 아플 때 유명 대학병원의 입원실을 바로 잡을 수 있고, 골프 부킹권이 필요할 때 바로 조달할 수 있고, 누구에게나 전화해도 콜(call back)이 금세 오는 사람"이라고 정의했다. 어느 것 하나 속하지 않아 씁쓸함이 느껴지긴 하지만, 너무나 명쾌해서 살아 있는 느낌이 전해져 왔다.

세 번째는 생동감 있는 단어를 찾아야 한다는 것인데, 생생한 단어 하나가 주는 힘은 상상 이상으로 강력하기 때문이다. 뉴스를 접하다 보면 강력 범죄들이 너무 빈번해서 세상이 무섭단 생각을 하는

데, 살인 사건 소식에서 '우발적 살인'이란 말을 자주 듣게 된다. 습관적으로 사용되어 특별한 감각 없이 쓰게 되는 말이지만, 곰곰이 생각해 보면 한 사람의 귀중한 생명을 앗아간 일에 '우발적'이란 말을 쓰는 것 자체가 어이없는 일이다. 게다가 '우발적 살인'이라는 단어는 법률상 존재하지 않는 표현이라고 한다.

이 말을 가장 먼저 사용한 사람은 'OJ 심슨(simpson) 사건'의 변호사로 유명한 로버스 샤피로인데, 1990년 배우 말론 브랜도의 아들이 여동생의 약혼자를 총으로 쏴 죽여서 일급 살인 혐의로 사형 선고를 받을 상황에서 용의자의 변호를 맡았다. 그는 이 사건에서 '우발적 살인'이란 말을 처음 사용했고, 단어가 주는 묘한 뉘앙스 덕분에 언론에 보도되면서 판결에 큰 영향력을 발휘하게 만들었다. 같은 메시지라도 진부하고 긴 말보다는 강력한 하나의 단어가 힘을 발휘하는 좋은 사례라 할 수 있다.

오래전 학부모 운영회의 일원이 되어 활동을 한 적이 있는데, 1년의 활동을 마무리하는 보고회를 마치고 학교장 이하 부장 선생님들을 모시고 회식을 할 때였다. 회식 중에 느닷없이 전화벨이 울렸다. 번호를 확인하니 옆자리에 계신 교장 선생님으로부터의 전화인 탓에 무슨 일인지 놀라서 전화를 받았더니, "바쁘세요? 제 잔이 비어서……." 하시는 것이었다. 술을 즐기지 않아서 옆에 앉은 사람들의 잔이 비어도 눈치를 채지 못하는 탓에 핀잔을 듣는 일이 종종 있는데, 그런 애교스러운 독촉은 처음 받아 보았던 것이다.

그 후로 한참의 시간이 지났지만 이 일은 '눈치 없는 사람이 되지 않아야지.'라는 생각과 함께 기분 좋게 기억되는 일이다. 요즘 매력적인 사람이 되기 위해 꼭 필요한 것은 '재치'라고 말하는 사람이 많다. 재치 있는 사람이 되기 위해서는 진부하고 식상한 표현을 버려야 한다.

늘 점잖기만 한 사람은 지루하고 장황하게 말하기 쉬우므로 생동감과는 거리가 생기게 된다. 고리타분한 사람이라는 인상을 주지 않기 위해서는 생동감이 있는 표현들을 사용하도록 노력해야 한다. 생동감 있는 표현과 모습을 갖추고 말을 할 때 상대의 마음을 가져오는 강력한 흡인력이 생김을 잊지 말자.

05

얼굴은 잊어도
잡담은 기억한다

태풍이 몰아치는 주말 저녁, 저녁나절까지 잘 나오던 텔레비전이 웬일인지 나오지를 않았다. 처음 얼마간은 이것저것 만져서 고쳐 보려고 노력했는데 실패한 나는 이참에 시청시간을 좀 줄여 보자는 생각으로 고장 신고를 하지 않고 며칠 버텨 보았지만, 결국 나흘 만에 AS기사를 부르고 말았다. 텔레비전을 보지 않고 어떻게 버틴단 말인가? 모임에 나가면 드물지만 텔레비전을 보지 않는다고 자랑처럼 말하는 사람이 있는데, 그럴 때 나는 "어머! TV가 얼마나 재밌는데?"라고 말하는 조금은 얄미운 사람이 된다.

나는 뉴스부터 예능까지 다양한 프로그램들을 거의 매일 보는 편인데, 이렇게 보았던 이야기나 이슈들은 다음 날 사람들을 만났을 때나 강의를 하는 중에 요긴하게 사용될 때가 많다. 아무리 중요한 일로 만났더라도 앉자마자 바로 본론부터 들어갈 수는 없는 노릇이고, 또 그렇게 했다가는 만족한 결과를 얻지 못하는 경우가 발생할 수도 있다. 강의 중에도 처음 만난 청중들과 거리를 좁힐 수 있는 방법으로, 청중이 여자라면 드라마나 연예인 이야기가, 남자라면 정치나 경제 이야기가 쉽게 물꼬를 틀 수 있는 역할을 해 준다.

가벼운 잡담으로 이야기가 통하면, 다음에 해야 하는 무겁거나 어려운 본론도 부드럽게 풀어가기가 쉬워진다. 이것이 잡담의 힘이다. 잡담을 잘하려면 대상에 맞춰서 화제를 꺼낼 수 있어야 하고, 쑥스러워하지 않고 먼저 말을 붙여야 한다. 만일 자신에게 이런 점이 부족하다면, 사람들과의 관계를 부드럽게 풀어 갈 수 있는 점이 부족하다는 것으로 알고 연습해야 한다. 앞에서 언급한 텔레비전을 보지 않는다고 말하는 사람들도 대체로 대화에 활발하게 끼지 못하고 따로 있는 경우가 많다.

잡담을 연습하기 가장 좋은 사람은 아줌마들이다. 어린 아이를 데리고 있는 젊은 아줌마들은 자신의 아이에 관심을 보이면 쉽게 말을 틀 수 있고, 나이가 지긋한 경우는 노골적이지 않으면서 보편적인 남편들의 흉을 보면 쉽게 말을 걸 수 있다. 또 택시를 타고 기사들과 이야기를 나누는 것도 좋은 연습이 될 수 있는데, "요즘 힘드시죠?"라는 말 한마디만 해도 경제며 정치, 세태에 대한 것까지 정말 다양한 소재의 잡담을 나눌 수 있게 된다. 이러한 연습을 통해서 어

떤 연령의 사람이든, 어떤 일을 하는 사람이든 그들에게 맞는 잡담
거리를 찾아내는 기술들을 익힐 수 있을 것이고, 많은 사람들에게
쉽게 친해질 수 있는 성격 좋은 사람으로 기억될 수 있을 것이다.

적게는 20~30명에서 많게는 몇 백 명의 청중을 만나야 하는 강사
로서 정말이지 곤욕스러울 때가 있다. 그것은 도대체 기억이 나지
않는데 상대는 어느 때에 내 강의를 들었다고 말하는 사람이 반갑게
인사를 할 때이다. 얼른 기억을 해내지 못하는 눈치를 보이면 언제
어떤 이야기를 들었노라는 이야기로 회상을 하곤 하는데, 재미있는
건 그 내용이 강의의 본론이 아니라 중간 중간 잡담으로 말했던 이
야기라는 것이다.

반대로 그 많은 청중 속에서도 유난히 기억에 남는 사람이 있는
데, 그런 경우는 내가 하는 강의 중에 자신과의 공통점을 말하거나
또는 쉬는 시간이라도 찾아와서 앞의 이야기에 자신의 일을 덧붙여
잡담을 나눈 사람들이다. 중복에 강의를 한 후 언젠가 강의 후 대접
받은 어느 지역의 보신탕집 이야기를 하게 되었는데, 보신탕을 잘
못 먹는 내가 먹어도 먹을 수 있을 만큼 담백한 맛을 냈던 그 식당
이름을 잊어버렸다고 이야기를 했다. 그리고 쉬는 시간이 되자 지
역이 고향인 사람이 찾아와 식당 이름을 알려 주었는데, 그 후로는
그 인근을 지날 때마다 그분이 생각난다.

잡담을 잘하려면 먼저 상대의 관심이 무엇인지를 파악해야 한다.
이는 축구에서 한 방에 골을 성공하는 것이 아니라 잦은 패스를 해
야 골로 연결되는 것과 같아서, 가볍게 질문하고 돌아오는 말에 대

해 다시 질문으로 돌려보내는 행동을 통해 상대를 관찰해 보면 쉽게 관심사를 파악할 수 있다. 물론 바로 자신의 관심사가 이것이라고 이야기하는 것이 아니라, 몸으로 집중하는 느낌을 전달하거나 좀 더 질문을 하는 등의 행동을 먼저 보이고 어느 정도 소통이 된 후에 자신이 좋아하는 분야에 대한 진짜 감정을 드러내기 때문에 좀 더 세심한 관찰이 필요하다는 걸 명심해야 한다.

교회 장로님 중에 연세도 많으시고 늘 근엄하셔서 인사만 드리는 분이 있었는데, 학생들 재능기부 강의를 갔다가 옆 교실에 강의하러 오신 장로님을 만나게 되었다. 그 후로 장로님을 만나면, 장로님께서는 내게 "요즘도 강의 많이 하느냐?"고 물어주셨다. 그러면 나는 아이들 이야기, 교육 이야기, 강의 에피소드 등을 이야기하면서 한참 동안 말씀을 나누게 되었는데, 사람들은 장로님과 그런 잡담을 나누는 모습을 신기해했다.

학창시절, 나는 친구들에 비해 조숙한 편이어서 친구들이 어려 보였다. 그래서 몇 명의 친구들을 제외하고는 말을 많이 하지 않았고 그래서인지 혼자 있는 시간이 많았다. 여고를 졸업하고 근30년 가까운 시간이 흐른 후에 친구들을 다시 만나서 모임을 시작했는데, 나처럼 학창시절에 대한 기억을 하지 못하는 사람은 거의 없었다. 생각해 보면 그때의 나는 그 또래가 나누는 잡담이 유치하다고 생각했던 것 같고, 잡담에 끼어들지 않는 나를 친구들은 '우리와 친해지고 싶지 않은 사람'이라고 정의를 내렸던 것 같다.

잡담은 사람의 관계를 만드는 중요한 매개가 되므로 잡담(雜談)을 잘하는 사람들은 인간관계가 넓다. 이것은 사적인 관계에서뿐만이 아니라 회사 내에서도 통용되는 일인데, 동료뿐 아니라 상사와 후배에게도 가벼운 잡담을 나눌 수 있는 사람들이 좋은 평가를 받는다.

요즘 같은 시대에는 NQ(Network Quotient)가 높아야 성공한다고 말한다. 이 말인즉 사람과의 관계망이 성공의 여부를 결정한다는 말일 것이다. 중요한 누구에겐가 기억되고 싶다면 그의 관심거리에 근거한 잡담을 나눌 수 있어야 한다. 유쾌한 분위기에서 자신이 좋아하는 영역에 대한 잡담을 나눈 사람은 오래도록 잊을 수 없기 때문이다.

어리석은 모습이
호감을 부른다

물이 너무 맑으면 고기가 살지 않듯이 사람이 너무 완벽해도 주변에 사람이 없다. 그러므로 다른 사람과 원만한 관계를 영위하기 위해서는 다소 어리석은 척을 하는 것이 좋다. 일을 함에 있어서는 똑똑하고 영특하며 지혜롭게 하는 것이 좋지만, 사람과 관계를 이룸에 있어서는 바보처럼 보이는 난득호도의 지혜를 발휘하는 것이 좋다. 여기에서 '난득호도(難得糊塗)'란, 어리석게 보이는 것은 참으로 어렵다는 말이다. 즉, 똑똑하고 아는 척을 하는 것은 쉽지만 알면서도 모르는 척하는 것이 더 어렵다는 것이다.

일반적으로 사람들은 자기보다 잘나가거나 자기보다 우수하고 똑똑한 사람은 별로 좋아하지 않는다. 자기보다 어리석고 자기보다 수준이 낮아서, 시키면 그것을 잘하는 사람이나 혹은 적당히 도움을 줄 수 있는 사람을 좋아하는 성향이 있다. 반면에 자기보다 똑똑하고 말끝마다 자신의 일에 대해 사사건건 잔소리하는 사람이나 자기보다 한 수준 높은 사람과는 거리를 두려고 하는 것이 일반적인 사람들의 심리다. 그 이유는 사람은 남의 참견을 받으면서 살아가기보다는 가능한 자기 주도적으로 사는 것을 선호하기 때문이다.

물론 경우에 따라서는 자기보다 훨씬 나은 사람과 사귀려고도 한다. 그런 사람을 통해서 자기 발전을 꾀하거나 자신의 후광효과(後光效果)를 극대화하려는 의도에서다. 하지만 대부분의 사람들은 앞서 말한 바와 같이 자기보다 더 똑똑한 사람과는 거리를 유지하려는 성향을 가지고 있다. 그러므로 자신이 오래도록 함께하고 싶은 사람에게는 가능한 어리석은 듯하게 보여야 한다. 일부러 바보인 척을 하면서 상대를 기만하라는 것이 아니라, 알면서도 어떤 상황에서는 일부러 모르는 척할 줄도 알아야 한다는 것이다.

사람이 빈틈이 없이 완벽하면 그로 인해서 다른 사람이 비집고 들어갈 틈이 없기에 주변 사람들의 매력을 끌지 못한다. 하지만 빈틈을 보이면 그 빈틈을 메워 주려는 사람들이 생기게 되고, 모르는 척하면 알려 주고 싶어 하는 사람들이 생기면서 사람들이 주변으로 모여드는 것이다. 어리석게 보이는 사람은 자칫 남들이 우습게 보는 경우도 적지 않지만, 사람과 사람이 관계하는 무대에서는 사람 냄새를 풍기게 한다는 장점도 있다.

대개 주변에 사람이 많은 사람이나 남들에게 호감을 받는 사람들의 공통점을 보면 평상시에 푼수처럼 보인다는 것이다. 그렇다고 바보도 아니면서 가끔 푼수처럼 엉뚱한 실수를 하거나 바보처럼 어처구니 없는 실수를 해서 주변 사람들에게 웃음을 자아내게 하기도 한다. 그런 사람을 보면, 유머스럽기도 하고 어떤 때에는 측은지심이 들어서 도움을 주고 싶은 마음도 든다. 왠지 모르게 호감이 가는 사람이다.

그런 난득호도의 지혜를 가지고 처세를 하는 사람의 관계를 살펴보면, 특별하게 미워하는 사람도 없고 그렇다고 해서 특별하게 절친하게 지내는 사람이 없는 반면에 비교적 많은 사람들과 어울리며 관계를 맺고 있음을 알 수 있다. 또 그런 사람을 보면 사람 사는 맛을 느끼기도 한다. 다른 사람들에게 기쁨을 주고 마음의 여유를 주는 사람들이 바로 그런 사람들이다.

바늘로 찔러도 피 한 방울 나올 것 같지 않는 매섭고 날카로운 사람이나 아무리 빈틈을 찾으려고 해도 전혀 빈틈을 보이지 않는 완벽한 사람의 주변에는 많은 사람이 들끓지 않는다. 그런 측면에서 볼 때, 사람과 사람간의 관계에서는 완벽을 추구하려고 하기보다는 다소 원시성을 추구하는 것이 좋다. 또 너무 인위적으로 꾸미기보다는 어느 정도 자연스러움을 유지하는 것이 교제의 미학(美學)이 아닐까.

07

아픈 곳을
건드리지 마라

'언중유골(言中有骨)'이라는 말이 있다. 말에 뼈가 있다는 말이다. 웃음 속에 칼을 숨긴다는 '소리장도(笑裏藏刀)'라는 말도 있다.

말을 함에 있어서 단순히 사실(fact)을 전달하고 서로 공감하는 말을 해야 하는데, 말끝마다 토를 달거나 말속에 이상야릇한 의미를 담아 기분 나쁘게 말하는 사람이 있다. 음흉하다고 할까 아니면 음산하다고 할까. 차라리 그 사람의 말을 듣지 않는 편이 나은 경우도 많다. 또 말을 하면 백만 불짜리로 보이는 사람이 있는가 하면, 입만 열면 십 원짜리 말을 섞어서 하는 바람에 자신의 가치를 떨어뜨리는 사람도 있다.

사람과 사람의 관계에서 말은 참으로 중요하다. '가는 말이 고와야 오는 말이 곱다', '말 한마디로 천냥 빚을 갚는다', '입에서 3초가 가슴에 30년이 되는 말' 등 말의 중요성을 일컫는 명언과 속담도 셀수 없이 많다. 그 가운데 말을 잘하는 사람은 말로 망한다는 말도 있고, 말을 진정으로 잘하는 사람은 말을 해야 할 때와 하지 말아야 할 때를 구분해서 적정하게 그 타이밍에 맞춰서 한다고 말하기도 한다. 그래서 말하는 것은 지식(知識)의 영역이고, 말을 듣는 것은 지혜(智慧)의 영역이라고 해서 말하는 것보다 듣는 것을 더욱 가치 있다고 본다.

'커뮤니케이션의 전부는 경청(傾聽)이다' 혹은 '이청득심(耳聽得心)'이라 하여 '사람의 마음을 사로잡기 위해서는 상대방의 말을 잘 들어라' 하는 말이 있다. 이는 듣는 것의 중요성을 일깨워 주는 말이다. 이는 자신의 말을 들어주는 사람을 좋아하는 뜻도 있지만, 남의 말을 잘 듣는다는 것은 결국 말을 많이 하지 않는다는 것을 의미한다. 즉, 말을 많이 하지 않으니 남에게 실수하지 않는다는 것이다. 그래서 '웅변이 은이라면 침묵이 금'이라고 말한다.

사람 사이의 관계에 있어서 남에게 말을 할 때는 듣는 이의 마음을 잘 헤아려 가면서 말을 해야 한다. 왜냐하면 사람의 감정은 변화무쌍하기 때문이다. 특히 감정 변화의 폭이 심한 사람에게는 더더욱 주의해야 한다. 금방 좋은 감정 상태였는데 갑자기 표정이 굳어져 버리는 경우가 있다. 또 표정이 시무룩하다가 갑자기 호탕하게 웃는 경우도 있다. 이런 상대방과 좋은 관계를 유지하기 위해서는 특히나 말을 조심해야 한다.

사실 관계가 좋다는 것은 서로 어느 정도 싫은 소리를 하거나 기분 나쁜 말을 해도 감내하고 웃어넘길 수 있는 사이라는 것을 의미한다. 신뢰가 형성된 사이이기 때문에 서로가 그런 사람이 아니라는 것을 알고 조금은 섭섭한 말을 해도 어느 정도 이해한다는 것이다. 이는 서로의 마음을 서로가 잘 알기 있기 때문이기도 하지만, 무엇보다 서로가 상대 입장을 이해하고 공감하려는 역지사지(易地思之)의 마음이 충만하기 때문이다.

그런데 말할 때마다 사람의 심기(心氣)를 불편하게 하는 사람도 있다. 그냥 가만히 옆에서 듣고 있자니 부아가 치밀고 금방이라도 욕을 하고 싶은 사람도 있다. 그런 사람과 함께 있다 보면 괜히 에너지가 죄다 빠져나가는 것 같은 느낌이 든다. 또 그런 사람과 함께 있는 동안은 갑자기 기분이 침체되고, 왠지 말을 하기가 싫어지기도 한다. 마치 실어증에 걸린 사람처럼 그 사람 앞에 있으면 대화를 하기 싫어진다.

대개 그런 사람의 공통점은 상대방은 안중에 두지 않고 오로지 자기 말만 한다는 것이다. 또 자기가 상대보다 한 수 위라고 생각하면서 상대를 우습게 생각하는 경향이 있다. 태도 역시 불량하다. 상대방을 깔보고 우습게 생각하고 자신의 말이 절대 진리인 양 말하는 탓에 심히 건방지다. 그래서 그런 사람과 함께 대화를 하는 상대방이 실어증이 걸린 사람처럼 입을 꾹 다문 채 반쯤 넋이 나간 표정을 짓는 것이다.

그런 사람에게는 특별히 고약한 버릇이 하나 있다. 바로 다른 사람의 마음을 아프게 한다는 것이다. 일반적으로 상대방에게 단점이 있거나 고쳐야 할 점을 조언할 때, 상대방이 기분 나빠하지 않도록 우회적으로 돌려서 말하는 것이 예의다. 그에 반해서 그런 사람들은 기가 막히게 아픈 데만 골라서 직설적으로 콕콕 찌르는 능력 아닌 능력이 있다. '자신이 하면 로맨스고, 남이 하면 불륜이다'는 사고방식이 뼛속까지 깊이 박혀 있는 사람이다. 그런 사람의 말을 마이동풍(馬耳東風)식으로 흘러 보내야 한다는 생각으로 대화를 하지만, 함께 대화한다는 자체가 곤욕일 수밖에 없다.

　그러므로 말을 함에 있어 상대방의 아픈 곳을 건드리지 않도록 주의해야 한다. 그래서 한비자는 다른 사람에게 조언할 때에는 그 사람에게 먼저 두터운 신뢰를 얻은 연후에 하라고 말한다. 다른 사람에게 신뢰를 얻지 않는 상태에서는 아무리 좋은 조언을 해도 그것을 자신을 음모하고 불만을 표출하는 것으로 오해하기 때문이다. 또 다른 사람에게 일을 시킬 때는 그 사람에게 믿음을 보인 연후에 해야 한다고 말한다. 그렇지 않으면 상대는 자신이 미워서 자기에게만 일을 시킨다고 오해한다는 것이다.

　이런 점에 비춰 볼 때, 좋은 관계를 유지하기 위해서는 서로가 서로에게 좋은 말을 해야 한다. 아울러 서로의 마음에 상처가 되는 말이나 상대방의 가슴을 아프게 하는 말은 가급적 하지 않는 것이 좋다. 정히 그런 말을 해야 한다면, 먼저 서로가 허심탄회하게 상대방의 말을 받아들이고 고분고분 아무런 오해 없이 순수하게 상대방의 충언과 조언을 받아들일 수 있는 신뢰 관계를 형성하는 것을 우선으로 여겨야 한다.

08

프로세스와 시스템으로
소통하라

　오래가는 소통의 비밀 중 하나는 모든 것이 원칙에 준해서 움직
인다는 것이다. 특히 조직이나 단체에서의 소통은 일관성이 필요하
다. 조삼모사(朝三暮四)나 조령모개(朝令暮改)처럼 오늘의 원칙이 내
일이면 바뀌는 것이 아니라, 오래도록 잘 바뀌지 않는 원칙이라야
한다.

　또한 원칙과 기준을 정할 때는 단순히 조직이나 단체의 수장이 독
단적으로 정하는 것이 아니라, 조직원 전체의 중지를 모아 정해야
한다. 그래야 서로가 공감하는 가운데 그 원칙이 잘 지켜지고 상벌
기준을 정해서 이를 지속·관리할 수 있기 때문이다. 이때 그 원칙

이 모든 사람들에게 평등하게 유지되도록 상벌기준을 정해서 예외 없이 모든 사람에게 그러한 원칙이 적용되도록 해야 한다. 아울러 그러한 원칙이 있다는 것을 공지해야 하고, 그 원칙에 대해 많은 사람들의 설명회를 거쳐 그 원칙을 제대로 이해하도록 하는 역할도 해야 한다.

사람과 사람 간의 소통 또한 그러하다. 자연법칙에 일정한 프로세스와 패턴이 있듯이 사람 간의 소통에도 일정한 패턴과 프로세스가 있다. 십인십색(十人十色)이고 사람들의 유형이 천차만별이라고는 하지만, 좋은 것을 좋아하고 아름다운 것을 아름답게 보는 것은 만국의 모든 사람들의 공통된 감정이다. 또한 기쁘면 웃고 슬프면 우는 것 또한 모든 사람들의 본능이다.

이처럼 모든 사람들이 갖는 본능적인 욕구와 행위가 바로 사람의 관계에 있어서 프로세스가 되고 시스템이 되고 자연의 법칙처럼 사람과 사람을 이어가는 데 영향을 미치는 아주 중요한 인자가 된다. 왜냐하면 기계가 아닌 사람 간의 관계이기 때문이다. 기계를 연결해 주는 선이 느슨해지면, 어떻게 해야 할까? 아주 간단하다. 느슨해진 선을 다시 팽팽하게 만들면 된다. 또한 기계가 파손되면 다른 부품으로 대체하면 된다. 하지만 사람의 관계는 기계처럼 억지로 할 수도, 함부로 대체할 수도 없다. 그렇기에 더욱더 프로세스와 시스템에 의해 소통해야 한다.

특히 일회적 관계가 아니라 지속적인 관계를 유지하기 위해서는 더욱 그러하다. 어떻게 생각하면 사람과 사람 간의 관계도 습관이다. 자기 취향에 맞는 사람이 따로 있고, 싫어하는 유형의 사람도 따로 있다. 상대방에 따라서 자신의 색상을 달리하기보다는 자기 마음의 색에 의해서 상대방에 대한 호불호(好不好)를 달리한다. 즉, 사람을 사귀고 사람과의 관계를 유지하는 데에는 자기 마음의 패턴을 따른다는 것이다.

그런 점에 비춰 볼 때, 관계에 의해서 프로세스는 크게 자기 마음 속의 프로세스에서 시작되어 상대방의 프로세스 그리고 자기와 상대방이 함께하는 프로세스로 형성된다. 즉, 작은 냇물이 강이 되고 강이 모여 바다가 되듯이 자기와 상대방의 프로세스가 하나가 되어 제3의 또 다른 프로세스가 형성되는 것이다. 단, 그 프로세스는 온전히 자기와 상대방이 정한 프로세스여야 한다. 그래야 관계가 오래도록 지속되기 때문이다. 자기는 자기의 프로세스를 유지하려고 하고 상대는 상대방의 프로세스를 유지하려고 한다면, 그것은 관계를 맺은 것이라고 볼 수 없다.

직장인들이 직장에서는 직장의 프로세스와 원칙과 기준과 사칙을 따르듯이 관계에서도 유 무형으로 정해진 것, 혹은 성문이나 불문으로 정해진 것에 대해서는 서로가 지키고 그것을 준수해야 한다. 헌법과 법률 없이는 국가가 유지될 수 없고, 사칙 없이는 직장이 유지되지 못하듯이 개인과 개인의 관계에서도 프로세스가 없다면 오래도록 관계가 유지되지 않는다.

특히 사람과의 관계에서는 자기만의 이익을 취하기 위해서 양심에 준하여 행동을 한다는 것을 알아야 한다. 조직이나 단체생활에서는 프로세스와 시스템에 준해서 행동을 하지 않으면 강제적으로 일정한 구속력을 갖기 때문에 좋든 싫든 간에 조직과 단체에서 원하는 방향으로 갈 수밖에 없다. 하기 싫어도 따라야 하고, 자신이 원한다고 해서 마음대로 할 수도 없다.

하지만 사람과 사람 간의 개인적인 관계에 있어서는 서로가 특별히 정한 프로세스의 수행 유무에 대해서 벌칙을 정하지 않는 한 도의적이고 양심적인 행동에 맡길 수밖에 없다. 특히 둘의 관계에서 서로 간의 이익이 첨예하게 대립되는 상황에는 가장 큰 문제가 발생된다. 왜냐하면 사람은 자기 이익을 추구하는 본능이 있기 때문이다. 아울러 자신이 이익을 보지는 않아도 결코 상대방에 비해 조금의 손해도 보지 않으려고 하는 본능을 가지고 있다는 점을 알아야 한다.

엄밀히 말해서 이익에 의해서 이익을 목적으로 맺어진 관계는 오래가지 않는다고 하지만, 사람과 사람 간의 관계는 그 어떠한 경우에든 서로가 이익을 얻고자 하는 것에 대해서는 필요충분의 요건이 아닐 수 없다. 즉, 사람과 사람 간의 관계에는 필연적으로 유무형의 이익이라는 것이 관여하게 되어 있다는 것이다. 그러므로 관계가 지속·유지되기 위해서는 관계선상의 프로세스와 시스템을 통해서 서로가 이익을 얻어야 한다. 프로세스와 시스템에 의해서 이익이 창출되어야 한다는 것이다. 그래야 관계가 오래도록 유지된다.

그러기 위해서는 관계를 이어 주는 끈끈한 '끈'이 있어야 한다. 부부 사이를 오래도록 유지해 주는 끈이 자녀이듯이 관계에 있어서도 그러한 끈이 필요하다. 같은 취미와 같은 분야에서 공동의 이익을 취하는 것도 그러한 끈이 될 수 있고, 서로가 부족한 것을 채워 주는 공생의 관계 또한 그러한 끈이 될 수 있다. 하지만 단순히 유익과 무익을 추구하는 관계에는 진정성이 있다고 볼 수 없으며 진실하게 사랑하는 관계는 아니다. 그 끈을 이어 주는 것이 이익이 아닌 무형의 사랑이나 마음과 연관된 무형의 이익이 될 때, 비로소 오래도록 관계를 유지할 수 있는 것이다.

사랑하고 신뢰하고 존경하고 공경하며 흠모하고 예뻐하고 귀여워하고 사랑스럽고 애잔하고 불쌍해 보이는 등의 감정적인 요소와 심적인 요소가 그 끈으로 이어질 때, 그 관계가 오래도록 유지된다. 그래서 조직학자들은 영속된 기업을 유지하고 지속적으로 일정한 이익을 창출하기 위해서는 조직원 간의 신뢰와 소통이 중요하다고 말한다. 이익집단이기에 사랑하고 흠모하는 것은 아니지만, 그래도 서로가 조직에 대한 사랑과 동료에 대한 사랑 등 단순한 월급이 아닌 자긍심과 주인의식과 사명의식을 가져야 한다고 말을 하는 것이다.

사람과 사람의 관계에서도 마찬가지다. 서로 간의 믿음과 사랑이 끈으로 연결된 프로세스가 있어야 한다. 만남의 프로세스, 약속의 프로세스, 연락의 프로세스, 대화의 프로세스, 데이트 프로세스 등 관계에 있어서 이름을 붙일 수 있는 것에 대해서는 서로가 서로의 마음을 충족시킬 수 있을 정도의 약정된 프로세스를 만들어서 이에 따라 움직이는 것이 좋다.

우리가 스포츠 구기 종목에서 서로가 호흡을 맞춰서 경기를 펼칠 때 '약속된 플레이'라는 말을 하는데, 바로 관계에 있어서도 그러한 약속된 플레이에 준하는 프로세스가 있어야 한다. 그렇다고 해서 관계에 적용되는 모든 것을 프로세스화 하라는 것은 아니다. 관계에 있어서 서로 간의 갈등을 불러일으킬 소지가 있는 것에 대해서 상호 약정된 플레이를 해야 한다는 것이다.

예를 들면 맞벌이 부부가 휴일에 가사일을 분담해서 한다든지 결혼 후에 시댁과 친정에 대해서 일정한 프로세스를 정해서 양가 부모님을 찾아 뵌다든지 하는 것이 바로 둘이 공감하는 약속된 플레이라고 할 수 있다. 또, 여행은 몇 개월에 한 번, 데이트는 최소한 저녁 몇 시까지 등에 대한 것도 모두 프로세스다. 그러한 약속된 플레이가 있어야 서로가 서로를 배려하는 것이 되고, 그러한 프로세스가 깨지지 않도록 노력하는 것이 최소한의 상대에 대한 배려라고 할 수 있다.

어떤 사람과 특별하고 가까운 관계가 되고 싶다면 약속된 플레이를 하되 다른 관계에서 쉽게 정한 것이 아닌 그 관계만이 가질 수 있는 특별한 프로세스를 정해서 서로가 그 프로세스를 준수한다면, 더할 나위 없이 친근하고 특별한 관계를 오래도록 유지할 수 있을 것이다.

09

재미와 흥미로
소통하라

　무슨 일이든 오래가기 위해서는 재미와 흥미가 있어야 한다. 흥미와 재미는 좋은 감정 상태를 갖게 해서 사람의 기분을 좋게 한다. 사람과 사람 간의 관계에서도 마찬가지로 흥미와 재미가 있어야 한다. 흔히 개그맨들이 미녀를 얻는다고 말한다. 그만큼 재미있는 사람이 인기가 있다는 말이다. 사람이 살아가는 데 있어서 재미와 흥미가 얼마나 중요한 가를 반증하는 사례다.

　아무리 하던 일이라도 재미가 없으면 중도에 포기하게 된다. 또 그다지 좋은 효과가 창출되지 않는다. 재미가 있다는 것은 그 일을 오래도록 하게 만드는 소스를 제공하기도 하지만, 평균 이상의 효과를 자아내는 효과도 있다. 사람과 사람 간의 관계에서도 재미가 있어야 한다. 서로 만나면 만날수록 엔도르핀을 솟게 하는 재미가 있을 때 서로가 서로를 만나고 싶어 하는 것이다.

말을 함에 있어서 '유머가 없으면 죽은 말'이라는 말이 있듯이 관계를 함에 있어서 재미가 없다는 것은 마지못해 형식적으로 관계하는 것이라고 볼 수 있다. 재미가 없지만, 뭔가 모르게 형식적으로 관계하지 않으면 안 되는 공식적으로 작용하는 힘이 있기에 어쩔 수 없이 관계를 유지하고 있는 것이다. 그런 관계는 결코 오래가지 못한다. 그 공식적인 힘을 발휘하는 원천이 사라지는 순간, 지속해 왔던 관계 역시도 사라지는 것이다. 그러므로 오래도록 소통하면서 좋은 관계를 유지하기 위해서는 유머러스한 재미뿐 아니라 호기심을 불어오는 재미, 기대감이 있는 재미, 뭔가 이뤄질 것 같은 희망이 있는 재미 등을 느끼게 하는 소스가 결부되어야 한다.

일반적으로 재미는 '즐거운 기분이나 느낌'을 말한다. 재미는 명사이지만 그 재미를 느끼기 위해서는 동사적인 면이 강하다. 행동을 통해서 재미가 생긴다는 것이다. 그냥 아무런 노력을 하지 않는 상태에서는 그다지 재미있는 일이 생기지 않는다. 그러므로 좋은 관계를 오래도록 유지하기 위해서는 서로에게 서로의 감정과 기분 상태를 즐겁게 하는 재미를 제공해야 한다.

이처럼 재미와 함께하는 관계에는 서로 간에 보람과 성취감을 맛본다. 아니, 재미를 나누는 그 순간에 이미 보람과 성취감을 느끼는 것이다. 이는 서로 만나서 관계하는 것 자체가 즐거움이며 재미라는 것이다. 재미가 있으면 행복하다. 또 시간이 가는 줄 모른다. 아울러 재미가 있다는 것은 부정이 아닌 긍정적인 감정 상태에 있다는 것을 의미한다. 그렇기에 재미가 있는 관계가 오래간다는 것이다.

극단적으로, 만나면 만날수록 무료하고 함께 있는 것 자체에서 아무런 재미와 흥미를 느끼지 못하고 감정 역시 무덤덤하다면 서로 간에 느낌이 없는 관계가 되고 만다. 함께 있어도 마음을 함께하지 못한다면 이미 따로인 것이다. 그렇다. 재미는 마음을 함께할 수 있는 원동력이 된다. 아울러 함께 재미를 느껴야 한다. 어느 한쪽만 재미와 흥미를 느끼고 다른 한쪽은 그렇지 않다면, 그 또한 오래도록 유지되는 관계를 기대할 수 없다.

그런데 이 재미라는 것이 사람마다 십인십색으로 다르다. 어떤 사람은 웃겨야 재미가 있고, 또 어떤 사람은 의미가 있고 실익이 있어야 재미있어 한다. 또 어떤 사람은 요란하지 않으면서 침묵 속에서 말을 하지 않고 함께 고요하게 앉아 있는 것 자체로 재미를 느끼는 경우도 있다. 이러한 점에 비춰 볼 때, 재미를 통해서 오래도록 관계를 지속하기 위해서는 서로가 자신의 재미를 자기 스스로 찾아야 하며, 상대방이 재미를 느낄 수 있도록 흥미를 제공하는 데도 관심을 가져야 한다.

같은 물도 젖소가 먹으면 우유가 되고 독사가 먹으면 독이 되는 것과 같이 동일한 사건을 놓고도 어떤 경우에는 포복절도하면서 웃는 사람이 있는가 하면 차갑게 냉소를 보내는 경우도 있다. 그러므로 관계에 있어서 재미는 스스로 찾아야 한다. 상대방이 재미있게 느끼도록 하는 것보다 자신이 먼저 스스로 재미를 찾는 것이 우선되어야 한다는 것이다. 그래야 재미있는 관계가 되고 서로의 관계 속에서 재미를 느낄 수 있다.

삶을 바라보는 관점에 따라서 행복과 불행의 감정을 느끼듯이 관계를 바라보는 관점을 재미를 찾으려는 관점으로 바라보면, 분명히 관계를 재미있게 나눌 수 있게 되어 재미있는 관계로 거듭날 수 있다는 점을 알아야 한다. 아울러 상대방에게 뭔가 재미와 흥미를 주기 위해서 나름의 전략을 가지고 접근해야 한다. 평범한 상황에서는 재미가 더해지지 않기 때문이다. 그래서 오래되면 오래될수록 좀 더 새로운 재미를 느끼게 해야 하고, 좀 더 좋은 관계를 유지하기를 원한다면 일부러라도 재미있는 상황이 연출되도록 노력을 기울여야 한다.

또한 상대방이 무엇을 재미있어 하고 있으며, 어떤 것에 대해 흥미롭게 관심을 보이는지, 그 요구를 알아야 한다. '삼한사온'이라는 말처럼 최소한 삼 일에 한 번 정도는 상대방에게 재미를 주려고 해야 한다. 참고로, 이러한 재미를 느끼기 위해서는 일정 부분의 고통이 뒤따라야 한다. 아무런 고통 없이는 일정한 수준에 이를 수 없기 때문이다.

재미를 느끼는 단계에 이르기 위해서는 그것을 가지고 자유자재로 즐길 수 있는 경지에 올라야 한다. 축구를 하든 당구를 하든 골프를 하든 일정한 경지에 올라야 그것을 즐길 수 있는 법이다. 아울러 그 경지에 오르기 위해서는 배우고 쉼 없이 단련해야 하며,

연습을 게을리해서는 안 된다. 그 분야의 전문가가 되어 능수능란하게 다룰 수 있어야 진정으로 재미를 느끼는 단계에 이른다는 것이다. 관계에 있어서도 마찬가지다. 배우고 익히고 연습하고 훈련해서 능수능란하고 자유자재로 구사할 수 있는 고수의 경지에 올라야 한다.

즉, 좋은 관계가 유지되고 관계 속에서 재미와 흥미를 느끼기 위해서는 인위적으로 상당한 노력과 고통이 뒤따른다는 것이다. 가만히 앉아서 오래도록 관계를 유지하는 것이 재미를 주는 것이 아니라, 재미있는 사이가 되고 재미있는 관계를 유지하기 위해서는 상대방에 대해서 배우고 익혀야 하고, 서로가 서로의 감정을 허심탄회하게 주고받을 수 있을 정도로 열린 상태가 되어야 한다. 서로가 한 치의 의심이 없이 상대방의 배려와 호의를 받아들일 수 있는 관계가 되어야 할 것이다.

10

진심으로
사과하라

마카다미아의 품귀 현상을 만들었던 대한항공의 땅콩회항 사건은 어쩌면 작은 발단에서 시작된 일이 세상을 떠들썩하게 한 어이없는 사건으로 기록될 만하다. 물론 재벌 3세의 평소 회사와 직원들에 대한 사고방식 등 드러난 문제들을 말하자면 여러 가지를 들 수 있겠지만, 사건을 일파만파로 키운 데는 사건이 알려진 후의 태도가 가장 큰 이유일 것이다.

당사자와 책임을 가진 사람들이 진정으로 사과했다면 국민들의 정서가 그렇게까지 험악한 여론으로 몰아치지는 않았을 것이다. 모면을 위한 변명과 회유, 강압적인 처사는 공분을 샀고, 재벌 기업과 재벌 3세들에 대한 반감을 건드려 여론은 급속도로 나빠졌다. 뒤늦은 사과를 했지만 이미 타이밍을 놓친 후였고, 걷잡을 수 없이 커진 반감으로 인해 그 진정성도 의심받을 수밖에 없었다.

개인이든 기업이든 실수하지 않을 수는 없을 것이다. 하지만 실수에 대해 어떠한 태도로 처신하느냐에 따라 이후의 상황은 극과 극의 차이를 보이게 된다. 돌이킬 수 없는 중대한 실수에도 신속한 사과를 함으로써 도리어 신뢰를 받는 기업이 있는가 하면, 그 상황을 모면하려고 임기응변으로 대처했다가 더 이상 회복할 수 없는 상황을 만들기도 한다.

정보 유출이라는 큰 실책에 대해 미국 텍사스 주의 세금관리부서는 신속한 대응을 했고 정보가 유출된 사람뿐 아니라 텍사스 주의 모든 사람에게 사과를 했다. 이에 반해 미국의 가장 큰 무선 통신 네트워크사인 버라이즌은 4G 무선 서비스 장애가 발생하는 바람에 사용자들의 불편을 겪었지만, 자신들의 잘못을 인정하지 않고 기본적인 공지만 했다. 그리고 한참 후 서비스가 복구되었을 때야 구체적인 이야기를 밝힘으로 신뢰를 떨어뜨렸다. 후속 조처가 잘못되면 그걸 회복하기 위해 기업이 치러야 할 희생은 상상 이상의 것이다. 제대로 된 사과를 하지 않음에 대해 신뢰를 잃은 회원들의 이탈은 걷잡을 수 없었고 이 사건은 이후에 버라이즌의 성장이 하향세로 돌아서게 하는 계기를 만들었던 것이다.

제대로 사과를 하지 못하는 경우를 보면 공통적으로 사용하는 표현이 있다. 바로 유감이라는 말이다. 마지못해 사과는 해야겠는데 자신의 잘못이라고 인정하기는 싫은 사람들이 사용하는 표현으로, 유감은 사과의 표현이지만 아니다. 우리나라 정치인들도 자신이 리더로서 책임을 져야 하는 일임에도 불구하고 기껏 유감이라는 말로 대신하는 경우를 자주 본다. 하지만 그 말을 듣고 국민들 누구도 진정한 사과를 했다고 보지 않을뿐더러 도리어 책임 없는 리더의 모습에 분노하게 된다.

사과는 잘못을 인정하고 반성하는 것이지만, 유감은 아쉽고 후회된다는 말이다. 즉, 유감은 자신에게 사용해야 하는 말에 더 가깝다. 사과를 하려거든 진심으로 해야 하고 가능한 조처할 일에 대해 말해야 책임감 있게 들린다.

사과는 용기가 없으면 못하는 일이다. 변명이나 이유를 설명하지 않고 그대로 시인해야 하며, 무엇을 잘못했는지를 분명히 말해야 하며, 향후 어떻게 하겠다는 개선 사항이 있는 사과가 진정한 사과이기 때문에 사과란 결코 쉬운 일이 아니다. 쉽지 않은 일이지만 사과라는 과정을 거치지 않으면 상대의 뇌리 속에는 그 실수가 자리 잡고 있다가 늘 부정적인 시선으로 보게 만들고, 혹여 작은 실수라도 하면 이전의 감정까지 더해져서 폭발하게 된다. 하지만 진정한 사과가 상대에게 받아들여진다면, 그것으로 실수를 잊을 수 있게 된다.

아이들을 기르다 보면 크고 작은 약속을 해 놓고 잊어버리는 일들이 종종 있는데, '어른은 잊어도 아이들은 절대 잊지 않고 있다'는 말에 공감할 때가 있다. 그럴 때 진정으로 사과하고 같은 일이 생기지 않도록 조심해야 한다. 그렇지 않으면 "엄마는 거짓말쟁이!"라고 울면서 소리치는 아이의 상심한 얼굴과 만날 수 있기 때문이다. 어른이니까 할 일이 많아서 그렇다거나, 알고 있었는데 나중에 하려고 했다거나 하는 비겁한 말로 아이의 마음과 멀어지는 일을 만들어서는 안 된다. 눈을 들여다보고 정말 잘못했노라고 사과하면 오히려 이해해 주는 모습을 만나게 될 것이다.

도미노 피자의 일부 위생상태가 비위생적이라는 영상이 유튜브에 소개되면서 일파만파 퍼졌을 때, CEO 패트릭 도일은 48시간도 안 돼 신속한 사과를 한 것도 모자라 고객의 불만을 영상으로 담아 광고를 제작해서 그대로 방송을 하는 일을 단행했다. 회사 내부에서도 반발이 심했지만, 광고에 나간 불만들을 받아들여 하나하나 바꿔 나갔다. 결국 치명적인 위협을 줄 수 있었던 일은 잘 마무리되었고, 오히려 기업의 이미지를 쇄신하는 계기를 만들게 되었다. 이름하여 도미노 피자의 '턴 어라운드(Turn around)' 캠페인이다.

사과를 하는 일은 자존심이 상하는 일이 아니다. 사람은 결코 완벽할 수 없다. 따라서 실수를 했을 때 쑥스럽다고 핑계를 대거나 저울질하느라 시기를 놓치는 과오를 저지르지는 말자. 가까운 가족이나 친구에게 사과를 하지 못해서 냉전이 길어지거나 어색하게 멀어지는 실수를 하지 말자. 진심으로 제대로 사과해서 그의 머릿속에서 나의 실수를 지우고 다시 시작할 수 있는 기회를 잡자.

The communication
of enduring

Chapter

03

상생하는 마음으로

상대방과 더불어 함께하면서 다 같이 행복해야 한다.
그래서 우리는 서로 관계를 맺어 가고 있는 것이다.

01

약이 되는
꾸중

딸 둘을 키우는 나의 친구는 아이들 이야기만 하면 행복한 미소가 입가에 흐른다. 그런데 이 친구가 며칠씩 맘이 상해서 힘들어할 때가 있는데, 그 이유의 대부분이 둘째 딸과의 전쟁 때문이다. 늘 같은 상황, 같은 문제로 부딪히고, 화를 내는 것도 푸는 것도 비슷한 방식으로 반복되는 모습을 띤다.

그러나 아무리 격렬하게 싸워도 가족은 누군가 먼저 적당히 말을 걸면 끝나는 법이다. 친구는 딸에게 "엄마가 밉지? 엄마 싫지?"라고 물었다고 한다. 딸은 그 말에 무슨 쓸데없는 이야기를 하느냐는 반응이었다고 한다. 친구는 그 이야기를 내게 들려주며, 딸이 본인 때문에 받은 상처가 많을 거라고 했다. 이처럼 우리는 사랑하는 사람에게 상처를 준다. 그것도 많이……. '사랑'이라는 이름으로 만들어진 기대감이 많은 요구들을 만들기 때문이다.

나를 비롯한 주변 사람들을 보면 어린 시절의 상처가 없는 사람은 없고, 어쩌면 자신의 상처를 치유하기 위해 살아가는 것이 아닐까 하는 생각을 하기도 한다. 성장기에 따라 나타나는 욕구들이 있고, 이 욕구를 충족시키지 않으면 고착되어 평생 그것을 보완하려는 심리가 작용한다고 심리학에서는 말한다. 형제가 많은 집에서 자란 사람은 주목받고 싶어서 튀는 행동을 하기도 하고, 깐깐한 부모 밑에서 자란 사람은 칭찬을 받고 싶어서 자신이 한 일에 대해 생색을 내기도 한다. 분명 서로 사랑하는 사람들인데 왜 이런 결과들을 만드는 것일까?

다양한 이유들이 있겠지만, 대개 말하는 방법에 대해서 알지 못해서 자신의 마음과는 다르게 상대에게 상처를 주는 일이 많다. 그래서 나는 내 친구가 자신의 딸에게 엄마의 말 때문에 상처 받았느냐고 묻는 것이 좋은 방법이라고 생각한다. 한참 힘들 때 누군가가 "많이 힘들지?"라는 말을 건네는 순간, 그 한마디에 힘든 게 상쇄되는 느낌을 받을 때가 있다. 우리는 상대와 감정을 풀 때 좀 더 정확한 감정을 표현하려는 노력을 해야 한다. 말 한마디로 치열했던 감정싸움이 얼마든지 풀릴 수 있기 때문이다.

상대의 감정을 자신에게로 화살을 돌리는 방법은 도움이 되지 않는다. 상대방이 느낄 감정을 정확히 파악해서 말하는 것이 바람직한 방법이다. 또한 잘못한 일에 대해 혼을 낼 때는 그 사람의 존재와 행동을 분리해서 말해야 한다. 상대가 그 행동을 하지 말았으면 하는 맘으로 지적하거나 혼을 내는데, 이 두 가지를 분류하지 않으면 상대의 자존감을 무너뜨리게 되고 더 나아가면 반감을 가지게 만들게 된다.

예를 들면 "너 왜 그랬어?"라는 말은 듣는 사람에게 '그런 일을 한 네가 문제다'라는 해석을 낳게 한다. 이런 꾸지람을 계속 듣게 된다면 자신을 무능하게 느끼거나 그런 자신을 싫어한다는 생각을 하게 된다. 그래서 이 말은 "네가 그렇게 하는 걸 보니까 내가 참 속상하다."로 바꿔서 말하는 게 좋다. 이건 I-메시지로 이야기하는 방법인데, 이렇게 말을 하는 건 상대의 존재감을 무너뜨리지 않으면서 행동을 능동적으로 바꿀 수 있는 여지를 줄 수 있는 바탕을 만들어 주는 표현이다.

더욱 효과적인 결과를 위해서는 바꾸어 줬으면 하는 행동도 정확히 기술해야 한다. 누군가를 혼내는 건 애정이 없이는 할 수 없는 일이다. 그건 상대가 좀 더 잘해 주었으면 하는 기대감과 애정 어린 마음이 있기 때문이다. 하지만 상대의 자존감을 무너뜨려서 스스로 바꿀 수 있는 여지를 주지 않는 표현은 오히려 상대방의 가슴속에 상처를 새기는 결과만 초래한다.

애플, 구글, 마이크로소프트, 페이스북 등은 요즘 핫한 기업들이다. 이들의 공통점들에는 여러 가지가 있겠지만 그중 한 가지는 미국 기업이라는 것인데, 그 이유는 미국은 자금이 부족한 벤처기업들이 그들의 꿈을 마음껏 실현해 보도록 후원하는 투자자들과 실패하더라도 금방 다시 일어설 수 있는 환경이 갖추어져 있기 때문이라고 한다. 개인도 기업과 마찬가지로 실패를 어떻게 처리하느냐의 문제가 이후의 성패를 좌우하는 중요한 요인이 된다. 실수했을 때 "넌 맨날 그렇더라."는 꾸중을 듣는 아이에게 다시 일어설 수 있는 힘을 기대하는 건 분명 무리일 것이다.

아이의 실수를 부모가 어떻게 다루느냐에 따라 실수가 자산이 되기도 하지만 실수가 영원히 실패로 남기도 한다. 기업에서도 마찬가지로 직원의 실수를 리더가 어떻게 다루느냐에 따라 같은 실수를 하지 않는 건 물론이고 더 큰 애착으로 업무를 처리하는 사람이 되기도 하지만, 반대로 실수를 변명하거나 분함을 감추고 있다가 타인의 실수를 꼬집어 내는 사람이 되기도 한다.

먼저 상대에 대한 애정을 가지고 혼을 내야 한다는 건 기본이다. 그 마음 위에 사람과 잘못이 된 행동을 뭉뚱그려 말하는 것이 아니라 그 사람과 행위나 실수를 구분하여 말해야 한다. 그리고 바꾸었으면 하는 방향에 대해 명확히 말하고, 상대가 할 수 있을 거라는 믿음을 가지고 있다는 것을 전달해야 한다. 이런 과정으로 말을 하려면 감정을 절제 해야 한다. 한번 분노를 표출하면 그 크기가 더 커지는 경향이 있으므로 가능한 자제하고 말을 해야, 꾸중이 상처를 남기는 일이 아닌 발전의 거름이 될 것이다.

02

공통점을
찾아라

열 명에서 스무 명 정도의 강사들이 세미나에 참석했다. 모두 초면인 탓에 출석을 체크하는 동안 서로 이야기하지 않고 살펴보기만 한다. 첫 시간에 자기소개를 마치고 나면 두세 명씩 팀이 만들어지는데, 가만히 보면 어떤 방법이든지 공통점이 있는 사람들이 모여 있다. 나이가 같거나, 지역이 근접한 곳이거나, 강의 분야가 같거나, 그게 무엇이 되든 공통점이 처음 보는 사람들을 묶어 주고 있다. 그리고 그 공통점에서 시작된 대화는 공통 분모에서 새끼를 치며 뻗어나가 더욱 다양한 이야깃거리를 만들어 간다.

만약 자기소개를 하지 않는다면 어떤 모습일까? 보통 자리가 가까운 사람들부터 시작해서 어디서 왔는지, 어떤 일을 하는지 등의 질문으로 말을 걸어 볼 것이다. 그리고 좀 더 적극적으로 질문을 하는 사람은 그렇지 않은 사람에 비해 많은 사람들과 다양한 대화를 나누게 될 것이다. 시간이 지나면 자신과 같은 생각이나 취미, 특징 등을 가진 사람과 관계를 유지하게 된다.

사람은 성장하고 발전해 가는 동안 끊임없이 주변으로부터 영향을 받는다. 같이 생활하는 사람들로부터 행동이나 말투, 사회적 예절 등을 배운다. 그래서 나와 같은 행동을 하는 사람은 나와 같은 환경에서 자랐을 확률이 높기 때문에 비슷한 행동 양식의 사람에게서 편안함을 느낀다고 설명하는 사람도 있다. 같다는 건 익숙함이고 편안함이다. 뇌의 대뇌 변연계는 '동조'라는 기능을 가지고 있어서 주변과 닮아 가는 경향을 강하게 나타낸다. 잘 알지 못하는 사람이더라도 상대가 웃으면 같이 웃게 되고, 목소리를 크게 하면 덩달아 소리가 커지기도 한다.

20층 엘리베이터를 함께 쓰는 아파트 이웃들 중에도 엘리베이터에서 만나면 반갑게 인사하고 아이들의 변화에 관심을 보이게 되는 사람이 있는가 하면, 인사만 나누고 서로 앞만 쳐다보다가 내리게 되는 사람도 있다. 인사 이외에는 다른 말을 걸지 못하도록 하는 사람이 있다. 한번은 이 두 가지 특징을 따로 가진 이웃과 함께 타게 되었는데, 대답을 잘하는 부모와 아이에게만 이야기를 나누었다. 상대적으로 미안한 느낌이 들었지만, 딱딱한 표정의 사람에게는 나도 딱딱한 표정을 짓게 되니, 어쩌겠는가.

상대에 맞추어서 동조를 하는 본능으로 인해 함께 오래 산 부부는 똑같이 닮아 있고, 자주 만나는 친구들은 말투나 행동이 비슷하다. 사람들은 자기가 있었던 곳과 다른 곳, 자신과는 공통분모를 찾을 수 없는 다른 사람들에게서는 편안함을 느끼지 못하므로 본능적으로 비슷한 환경과 사람을 찾으려 한다.

그런데 처음 만난 사람이 자신과 같은 점이 있는지를 알아내는 방법은 질문밖에 없다. 편안한 얼굴로 적절한 질문을 하고 대답에 귀를 기울인 후 그 대답에 따른 질문을 다시 던지는 일련의 과정을 통해 상대에 대한 정보를 얻고, 그 정보 속에서 자신과의 공통점 찾아내는 식의 대화를 하는 사람은 처음 보는 사람도 친구로 만들 수 있다.

영화 보기, 쇼핑하기, 축구경기 관람하기 등 취미가 같은 사람을 질문을 통해서 찾을 수만 있다면, 두 사람의 대화는 한결 풍성해질 것이고 상대의 경험이나 표현에 빨리 친숙해질 것이다. 그러다 보면 이해하고 신뢰하는 마음이 생기면서 어느 틈에 커져 있는 유대감을 확인할 수 있다.

질문을 할 때는 상대가 편안하게 자신의 생각을 말할 수 있도록 구체적인 생각이나 의중을 묻는 것이 좋은 질문이다. '예' 혹은 '아니요'의 단순한 대답이나 뻔한 답이 될 수밖에 없는 질문은 오히려 대화의 걸림돌이 되어 대화를 중단하는 결과를 가져오기도 한다. 앞의 질문을 '개방형 질문', 뒤의 질문을 '폐쇄형 질문'이라고 부른다. 예를 들면 "여름휴가 어땠어요?"라고 묻는 것이 "휴가 다녀왔어요?"라고 묻는 것보다 더 자유롭고 다양한 대답을 들을 수 있다.

결국 사람들과 많은 이야기를 나누고, 소통한다는 건 공통적으로 나눌 이야깃거리가 있다는 이야기이므로 그런 사람은 친화력이 있는 사람일 수밖에 없다. 비즈니스 관계로 만난 상대라고 하더라도 공통점을 찾아 가는 단계를 그냥 지나치면, 서로의 대화는 딱딱해질 뿐만 아니라 때론 위태로운 대화가 이어질 수도 있다.

어렵고 힘든 관계일수록 상대와의 공통점에서 쉽게 풀 수 있는 단서가 만들어지기도 한다. 쉽지 않다고 느끼는 상대를 만날 때, 할 수 있다면 상대에 대한 다양한 조사를 해 둔다면 쉽게 공통적인 이야기를 끌어낼 수 있고, 이런 이야기들이 거름이 되어서 힘들었던 관계들도 풀 수 있게 되는 것이다. 그래서 영업을 잘하는 사람은 업무와 상관없는 이야기를 나누고 수다를 하는 집단을 많이 가지고 있는 사람이다. 수다 속에서 나온 그 사람의 이야기를 잘 기억해 두었다가 다음번 만남에서 풀어놓거나 챙기는 일까지 한다면 확실한 고객을 확보할 수밖에 없는 것이다.

좋은 질문은 생각을 진단하기도 하지만, 상대의 머리를 여는 힘도 있다. 상사가 부하 직원의 생각을 물을 수 있다면, 의외의 참신한 생각들을 들을 수 있을지도 모른다. 자신이 질문을 많이 활용하고 있는지, 질문을 할 때는 개방형 질문을 하는지를 생각해 보고 적극적으로 연습한다면, 사람과의 관계가 한층 더 부드럽고 풍성하게 이루어질 것이다.

03

딴지 거는 사람
= 스승

모임에서 일을 하려고 진행하다 보면 불편함을 이야기하는 사람이 있다. "그게 되겠어요?", "왜 그렇게 하죠?" 등등……. 이런 불편한 이야기를 하는 사람은 늘 정해져 있어서 그 사람이 말을 하면 대부분 '또 불평을 하려고 하나 보다'라고 생각을 하고 얼굴을 찌푸리거나 듣지 않는 경우가 많다.

업무를 배정할 때도 마찬가지다. 늘 말없이 일을 받아들이는 사람이 있는가 하면, 이런저런 사항을 꼬치꼬치 캐묻고 확인하고 자신이 힘든 이유를 장황하게 이야기해서 지시하는 사람이 힘이 빠지거나 짜증이 나게 만드는 사람이 있다. 물론 긍정적인 사람들에게 매력을 느끼고 그런 사람들끼리 모이는 건 당연한 일이기에 나 자신을 포함한 모든 사람들이 긍정의 마음을 키우기를 바라지만, 어디를 가든 꼭 딴지를 거는 사람은 있기 마련이다.

물론 그런 사람들의 말을 들어 보면 다른 사람들이 생각하지 못한 다른 관점을 제시해 줄 때가 분명 있다. 하지만 도움을 받을 정도의 적절한 상황에서 말을 멈추게 하지 않으면 전체의 분위기를 흐트러뜨릴 수 있기 때문에 늘 조심해야 한다. 불평을 하는 사람들의 마음속에는 주목 받고 싶은 심리가 숨어 있기 때문에 우선은 그들이 하는 말에 공감을 표현해 주어야 한다. 관심을 가지고 있는 점을 높이 평가하거나, 신중하다는 점으로 부각시켜서 칭찬을 하는 말로 시작해야 한다.

반대로 또 불평한다는 표현을 하거나 말을 들을 필요도 없다는 반응을 보이면, 그의 불평 강도는 점점 더 강해져서 전체의 분위기를 망칠 수 있다는 점을 명심해야 한다. "그런 점을 한번 생각해 보는 것도 나쁘지 않은 것 같습니다. 돌다리도 두드려 보고 건너라고 했으니, 의견을 받아들여서 다시 처음으로 돌아가서 생각해 보고 긍정적인 에너지를 넣어 보는 건 어떨까요?"라고 말한다면, 불평을 하는 사람은 더 이상 같은 말을 반복할 수 없게 된다.

처음으로 돌아간다는 말을 한다고 해서 진짜 모든 계획을 다시 세우라는 뜻은 아니다. 부정적인 분위기와 서로 분열되는 현상을 막을 수 있고, 경우에 따라서는 전체의 주류에 의해 진행되었던 일을 객관적으로 점검해 보는 기회가 되기도 한다. 그다음 분위기가 충분히 무르익은 후에는 반드시 그런 불평에도 원안대로 진행되어야 한다는 점을 명시해야 한다. 이렇게 하면 딴지를 거는 사람이 만들어 내는 부정적인 분위기를 차단함과 동시에 그의 다른 시각을 참고하거나 활용할 수 있고, 또 같은 말로 계속해서 딴지 거는 일을 막을 수 있게 된다.

사람들에게는 관심을 받고 싶어 하는 기본적인 욕구가 내재되어 있다. 그 욕구를 충족시키기 위해 친 사회적이고 긍정적인 방법을 쓰는 게 당연하지만, 부정적인 방법을 통해 관심을 받는 경험을 한 사람들은 늘 부정적인 방법을 쓰게 된다. 결국은 다른 사람에게 사랑을 주는 사람이나 불평을 하는 사람 모두 그 내면의 욕구는 관심을 받고 인정을 받고 싶어 한다. 따라서 존재를 인정해 주는 것이 가장 빠른 해결책이 될 수 있다. 말하는 본인은 디테일한 중요한 일이라고 여기지만 듣는 입장에서는 별일이 아닌 경우도 있을 수 있고 조금은 엉뚱한 이야기라고 여겨질 수도 있지만, 일방적으로 무시하는 행동을 하면 더 큰 불평분자가 되기 쉽다.

그런데 딴지 거는 사람들의 말을 귀담아들어 보면, 정말 필요한 문제점을 발견할 수 있는 단서를 제공하기도 한다. 그런 사람들의 생각이 부정을 넘어서 창의적인 생각으로 발전하도록 돕는 것은 조직을 이끄는 리더라면 매우 의미 있는 일이 될 수 있다. 불평을 이야기하는 사람에게는 그 일에 대한 대안을 찾도록 권유하는 일을 꾸준히 해 보아야 한다. 불평을 위한 불평이 아니라 불평이 생길 때 스스로 해결책을 찾는 자세를 키울 수 있도록 권유한다면, 오히려 창의적인 발단을 만들 수 있다.

발명을 하는 사람들은 현재에 있는 것들의 불편함을 개선하려는 의지에서 시작한다고 한다. 즉, 현재의 물건들에 적응하는 사람들은 발명가가 될 수 없다는 말이다. 딴지를 거는 사람의 시각도 활용하기에 따라서 현재의 문제점을 발견하는 단초를 제공하는 중요한 역할을 할 수 있도록 하는 일이 가능하다. 부정적인 생각이 들 때 대안까지 찾아서 함께 말하게 함으로써 자신을 인정받거나 조직에 기여하는 사람으로 각인하는 등의 동기부여를 제공한다면, 불평을 하는 사람은 더 이상 말꼬리를 잡고 늘어지는 사람이 아닌 조직에 필요한 사람으로 거듭날 수 있을 것이다.

새로 등록한 사람들을 교육하는 파트에서 일을 하는 동안 새 등록자와 교육자들을 일대일로 배정하는 일을 할 때였다. 그런데 자신에게 배정되는 등록자에 대해 세세한 부분까지 체크하면서 교육하기 힘든 상황을 먼저 이야기하는 교사가 있었다. 철저하지 못한 성격 탓에 세심한 부분을 체크하지 못해서 그 교사에게 사람을 배정할 때는 확인해서 두세 번씩 연락해야 하는 일이 반복되자, 등록자들에 대해서 철저하게 확인하는 습관을 만들 수밖에 없었다. 그 교사에게 사람을 배정하는 일은 여전히 스트레스를 주지만, 업무를 철저히 처리하게 하는 습관을 만드는 일에 자극을 받았음을 인정하지 않을 수 없다.

이처럼 우리는 자신에게 좋은 이야기만 해 주는 사람을 원하지만, 때로는 딴지를 거는 사람이 우리를 발전시키는 계기를 만들어

주기도 한다. 그런 사람이 단순히 신경을 건드리는 불편한 사람으로 머무르는 것이 아닌 개인이나 조직에 필요한 사람으로 거듭나도록 만드는 힘은 그를 대하는 사람의 태도에 달려 있을 수 있음을 기억하자.

04

낮추면
나아진다

광주 지역에 독한 말을 하는 걸로 유명한 분이 있었다. 워낙 옳은 말을 하기에 적을 만들지는 않았지만, 기가 세고 남의 일에 훈수를 두는 일에는 둘째가라면 서러운 분이라 특히 젊은 사람들은 부담스러워 했다. 이분이 며느리를 보게 되었는데, 요즘 버릇없는 젊은 것들은 가만두면 안 된다는 말을 달고 다녔던 탓에 새로 들어올 며느리를 걱정하는 사람들이 많았다. 더구나 서울에서 좋은 대학을 나와서 학생들을 가르치는 며느리라는 말에 서로 얼마나 힘겨루기를 할까 싶어 걱정 반 궁금함 반이었다.

그런데 며느리가 들어오고 몇 달이 지나도 서로 문제가 있다는 말이 없었다. 급기야 궁금해진 사람들이 실례를 무릅쓰고 물었더니, 어른의 말씀이 "며느리에게 모든 걸 맡겼다."고 하셨다. 얘기인즉, 처음 며느리가 들어와서 잘못하는 일을 발견하고 버릇을 들일 요량으로 "이렇게 밖에 못하느냐, 친정에서 무얼 배웠느냐?"고 언성을 높였더니 "죄송해요, 어머니. 집에서 가르친다고는 하셨는데 부족한 게 많지요? 앞으로 열심히 배우겠습니다."라고 머리를 조아리더라는 것이다. 그 후로도 시어머니가 뭐라고 트집을 잡아도 늘 그런 식으로 사과하고 몸을 낮추니, 혼을 낼 수도 싸울 수도 없더라는 것이다. 결국은 현명함을 인정하게 되고, 그런 며느리가 너무 예쁘다는 것이다.

사람들은 새로운 관계가 형성되면 미묘한 힘겨루기를 하는 본능을 가지고 있어서 초기 관계 맺음에서 보이지 않게 부딪히는 일은 다반사이다. 갓 결혼한 신혼부부들도 꼭 이런 일을 겪는다고들 하는데, 그런 과도기를 거친 후 시간이 지나면 이구동성으로 하는 말이 "져 주는 게 편하다."는 이야기이다. 그게 진리인 건 알지만, 싸움을 거는 상대에게 자신을 낮추는 일은 생각처럼 절대 쉽지가 않다. 자신을 낮추어서 말하는 일은 수차례의 훈련과 함께 마음을 다스릴 수 있는 수양이 필요한 일이다.

또한 아무리 낮추고 싶어도 상대에게 자존심이 상하면 마음과 다른 말이 튀어나와서 신경전을 벌이게 된다. 그런 점에서 보면, 위에서 예를 든 며느리는 보통 단수가 넘는다. 시댁어른이 작정하고 친정까지 들춰내면서 혼을 내는데도, 자신이 부족하다고 더 가르쳐

달라고 말할 수 있는 건 아무나 할 수 있는 일이 아니다. 그래서 '겸손은 내면이 강한 사람만이 부릴 수 있는 정신적 사치'라는 말의 뜻에 충분히 공감할 수 있다. 작정하고 싸움을 하려고 해도 자신을 낮추는 사람하고는 언쟁을 벌일 수가 없다. 먼저 사과하고 자신이 부족하다고 말하는 사람에게 무엇이라 시비를 걸 수 있겠는가?

아이들이 보는 동화 중에 〈해와 바람〉이라는 이솝 우화가 있다. 길을 가는 나그네를 두고 해와 바람이 겉옷을 벗기는 내기를 하는, 누구나 한 번쯤은 들어봤을 법한 이야기이다. 자신의 강함을 자랑하던 바람이 아무리 불어대도 나그네는 오히려 옷깃을 더 여미었을 뿐이었고 따뜻한 햇볕을 쏘였을 때야 비로소 겉옷을 벗어 들고 걸어갔다는 이야기다. 강하게 덤벼드는 상대에게는 덩달아 강해지는 것이고, 자신을 낮추는 사람에게는 부드러워지는 상황에 비유할 수 있는 이야기이다.

이렇듯 어떠한 상황에 처하더라도 자신을 겸손히 낮출 수 있는 사람은 절대로 적을 만들지 않는다. 자신을 낮추는 일에 특히 유의해야 할 점이 있는데, 첫째는 자신이 속해 있는 기관과 자신을 동일시하여 겸손함을 잊어버리지 말라는 것이다. 소위 갑의 위치를 이용하여 횡포를 부리면 진정한 협력자를 얻을 수 없는 건 물론이고, 언제든 위치가 역전되는 상황이 올 수 있다는 점을 명심해야 한다.

둘째는 자신이 필요한 사람에게는 숙이고 그렇지 않은 사람은 무시하는 이중적인 행동으로 겸손치 못함을 드러내지 말아야 한다는 것이다. 예를 들어 자신이 필요해서 접대를 하는 사람에게는 머리를 조아리고 겸손하게 대하다가 가게의 종업원들에게 함부로 대하는 모습을 보인다면, 아무리 포장하려 해도 상대에게 오만한 사람으로 인식되고 만다. 겸손은 적을 만들지 않는 중요한 자세이지만, 진정한 겸손이 아닐 때는 도리어 가면을 쓰고 행동하는 사람이라는 인상을 줄 수 있다.

마음속에서부터 겸손을 위한 노력을 기울여야 진정한 겸손함이 배어나올 수 있다. 상대의 지위나 겉모습 등에 따라 그를 대하는 자세가 달라진다면, 아직 겸손을 위한 노력을 더 기울여야 함을 기억해야 한다. 자신을 낮추고 상대를 높이는 일은 상대를 올려 주는 존칭어를 사용하는 등의 말을 통해서만 나타나는 것이 아니라, 사람을 대하는 눈빛, 태도, 손의 움직임 등 온몸에서 느껴지는 것이다. '제가 부족해서 그렇습니다.'라는 말을 눈에 힘을 주고 도전적으로 상대를 쳐다보며 말한다면, 오히려 상대를 무시하거나 빈정대는 것으로 느껴질 확률이 더 높다.

적을 만들지 않는 일을 넘어서 상대를 내 편으로 만들고 싶다면 겸손함으로 사람을 대해야 한다. 아무리 잘못한 일이 있어도 낮추어서 겸손하게 사과한다면 더 이상 탓을 하지 못하게 된다. 사람들에게서 겸손한 사람이라는 평을 들을 수 있다면, 직접 겪어 보지 않은 사람도 친구로 만들 수 있을 것이다.

05

느낌이 있어야
움직인다

'감동(感動)'이라는 말은 '느낄 감(感)'자와 '움직일 동(動)'자로 이루어진 한자어(漢字語)다. 이 말은 '크게 느끼어 마음이 움직인다'는 뜻이다. 느낌이 있으면 움직인다. 즉, 움직이기 위해서는 느낌이 있어야 한다. 사람과 사람 간의 마음이 움직이고 정이 움직이고 사랑이 움직이는 데에도 느낌이 있어야 한다.

그 느낌의 성질에 따라 행동이 달라지게 된다. 좋은 느낌을 가지면 좋은 행동을 하게 되고, 나쁜 느낌을 가지면 나쁜 행동을 하게된다. 그렇다. 느끼면 움직이되 그 느낌이 좋아야 한다. 그래야 좋은 움직임을 보일 수 있다. 물론 느낌이 통하는 것이 우선되어야 함은 당연한 이치다.

어떤 사람에게 마음이 끌리고 호감이 간다는 것은 바로 느낌이 통한다는 것을 의미한다. 남이 뭐라고 하든 자기에게 좋은 느낌을 주는 사람에게 우리는 호감을 느끼게 마련이다. 좋은 느낌을 주는 사람이 정말로 좋은 사람이다. 주변에서 아무리 좋은 사람이라고 말해도, 자신에게 나쁜 느낌이 들면 나쁜 사람으로 보는 것이 사람의 심리다. 심리학에서는 이것을 '편향성(偏向性)'이라고 한다.

처음에 만났을 때 왠지 모르게 느낌이 좋지 않았는데 결국 끝이 좋지 않았던 사람을 경험한 적이 있을 것이다. 또 처음에는 느낌이 별로였는데 시간이 지나면 지날수록 좋은 느낌을 주는 사람을 경험한 적도 있을 것이다. 바로 그 '느낌'이라는 것이 사람을 보는 안목(眼目)과 사람을 판단하는 통찰력(insight)의 단초가 된다. 그러기에 사람과 좋은 관계를 영위하기 위해서는 서로가 서로에게 좋은 느낌을 주는 사람이 되어야 한다.

아울러 서로에게 좋은 느낌을 주고 서로에게 좋은 느낌을 받는 사람이 되어야 한다. 왜냐하면 그 느낌 자체가 관계의 질(質)을 결정하기 때문이다. 사랑하는 느낌을 주고받으면 사랑하는 사이가 되고, 미워하는 느낌을 주고받으면 큰 잘못을 하지 않았음에도 불구하고 서로를 미워하는 사이가 된다. 따라서 상대방과 앙숙이나 원수처럼 지내고 싶지 않다면 가능한 좋은 느낌을 주고 좋은 느낌을 받는 사이가 되어야 한다.

그런데, 그 느낌이라는 것도 느낄 줄 아는 사람이어야 느낄 수 있

131

다는 점을 알아야 한다. 상대방이 아무리 좋은 느낌을 주어도 그 느낌을 받지 못하는 사람이라면 문제가 있다는 것이다. 또 상대에게 좋은 느낌을 주었는데, 그 좋은 느낌을 나쁜 느낌으로 받아들이는 사람도 있기 마련이다. 다시 말해서, '상대방을 움직이게 하는 좋은 느낌'이라는 것은 그 느낌을 주는 자기 기준에서 판단하는 좋은 느낌이 아니라, 상대방이 좋아하는 정도의 상대방 기준에서의 느낌이어야 한다는 것이다.

그러기에 대인 관계 스킬에서 제일 중요하게 생각하는 것이 타인 조망능력(眺望能力)이다. 또 손자병법에서 전략을 세우는 데 있어서 가장 중요시하는 것이 바로 지피지기(知彼知己)이며 협상에서도 가장 중요하게 생각하는 것이 바로 베트나(best alternative to negotiated agreement; 협상 결렬 시에 가지고 있는 차선책)이듯, 상대방이 원하는 것이 무엇인지를 알아야 한다.

단순히 혼자서 살아가는 세상이 아니라 더불어 함께하는 세상이고, 대인 관계에서는 자기 혼자만의 관계가 아니라 타인이라는 상대방이 있다는 점을 항상 명심해야 한다. 아울러 상대방의 느낌을 좋게 하기 위해서는 상대방의 속마음을 알려고 하는 노력이 병행되어야 한다. 정히 상대방을 모르는 경우에는 사랑과 진실이라는 감정을 담아서 진심으로 상대를 위하는 순수한 마음을 가져 보자.

'지성(至誠)이면 감천(感天)'이라는 말이 있듯 상대방을 진정으로 위하는 마음은 상대방을 감동시킬 것이다.

06

상생(相生)의 반대는
살생(殺生)

'유무상생(有無相生)'이라는 말이 있다. 이 말은 노자의 도덕경(道德經)에 나오는 말로, 있고 없음은 서로 상대하기 때문에 생겨난다는 말이다. 즉, 있음으로 인해 없음이 있고, 없음으로 인해 있음이 있다는 말이다. 노자(老子)는 세상 만물의 이치를 상대적인 관점에서 봐야 한다고 말한다. 있는 것과 없는 것은 서로 공존하는 것이지 별개의 것이 아니라는 말이다. 이를 현대적인 개념으로 해석한다면 있음과 없음에 상관없이 모두 하나가 되어야 함을 의미하는 것이기도 하다.

서로 신뢰하고 소통하는 가운데 좋은 관계를 유지하려는 궁극적인 목적은 무엇일까? 또 유무상생처럼 있음과 없음에 상관없이 대화합(大和合)을 이루려는 궁극적인 목적은 어디에 있을까? 그것은 행복(幸福)에 있다. 여기서 말하는 행복은 어느 한쪽에 국한된 행복이 아니다. 관계하는 모든 이들이 함께하는 행복을 의미한다.

사람과 사람 간에 친분을 맺어 간다는 것은 서로가 서로에게 길들여지는 것이라고 말한다. 또 혹자는 서로가 서로의 이익을 추구하기 위해 혹은 서로가 서로의 부족한 점을 채워 주기 위해 관계를 맺어 가는 것이라고도 말한다. 사람마다 처한 상황에 따라 관계를 맺는 목적은 각양각색일 것이다. 가족 간에도 이익을 따지는 이기주의가 만연한 지금 이 시대에, 진정으로 노자가 말하듯이 있음과 없음에 상관없이 순수한 마음으로 관계 맺음을 하는 사람은 그리 많지 않을 것이다. 그럼에도 불구하고 아름답고 행복한 삶을 영위하기 위해서는 서로가 서로에게 행복을 주는 상생(相生)의 관계를 형성해야 한다.

'상생(相生)'이라는 말은 사물의 상호 관계에서 한 사물이 다른 사물을 발생시키고 조장시키는 관계를 이르는 말이다. 개미와 진딧물, 악어와 악어새, 맹인과 맹인견, 숨이고기와 해삼, 코뿔소와 찌르레기, 흰동가리와 말미잘 등이 대표적인 상생의 관계다. 상생(相生)한다는 것은 서로 도우면서 함께 사는 공생(共生)을 의미하기도 한다. 공생은 서로가 공동체의 삶을 산다는 것을 의미한다.

또 공동체의 삶을 산다는 것은 희로애락(喜怒哀樂)을 함께하며 동고동락(同苦同樂)한다는 것을 의미한다. 이 말은 행복할 때는 서로 함께 행복해야 하고 불행할 때도 함께 불행해야 한다는 말이다. 그렇지 않고 남의 불행을 보고 행복해하거나 남의 행복을 보고 불행을 느낀다면, 그것은 진정한 상생의 관계가 아니다.

자신의 행복한 모습이 타인에게 행복을 주는 이타적인 마음으로 상대를 대해야 한다. 자신의 행복한 모습을 보고 타인이 별로 기뻐하지 않는다면, 상대방과 그리 좋은 관계가 형성된 것이 아니라고 보면 된다. 더불어 상대방의 좋은 소식을 듣고 사촌이 땅을 사면 배가 아프다는 말처럼 시기심과 질투심이 생긴다면, 그 또한 상대와 진실한 상생의 관계가 아니라고 보면 된다. 부모가 자식이 잘되기는 바라는 마음처럼 상대방이 무조건 잘되기를 바라는 마음이 바로 상생의 관계다. 또, 어렵고 힘들어하는 상대방을 측은지심(惻隱之心)의 마음과 수오지심(羞惡之心)의 마음으로 염려해 주고, 어렵고 힘든 고통을 함께해 주는 마음이 바로 진정한 상생의 마음이다.

그런 점에 비춰 볼 때 상생(相生)의 반대말은 서로 마음이 맞지 않아 항상 출동하는 상극(相剋)과 상충(相衝) 아니라, 결국 둘 다 죽어버리는 살생(殺生)에 가깝다고 볼 수 있다. 왜냐하면 혼자가 된다는 것은 결국 죽음과 가까워지는 것이기 때문이다. 그러므로 상대방과 더불어 함께하면서 다 같이 행복해야 한다. 그래서 우리는 서로 관계를 맺어 가고 있는 것이다.

07

인(人)의 향기
= 무형(無形)의 이익

    함께 강의 할 강사를 섭외할 때 실력이 갖추어진 사람과 성품이 갖추어진 사람 중 누구를 선택할지를 고민하곤 한다. 그런데 늘 마지막 선택은 성품 쪽을 택하게 되는데 항상 오래갈 수 있는 것은 품성이라고 생각하기 때문이다. 강의라는 것이 콘텐츠만 배운다고 똑같이 해낼 수 있는 일은 아니지만, 무형의 것이기에 소리 없이 콘텐츠를 빼가고 결국은 배신을 하게 되는 일을 겪다 보면, 결국 신의를 지킬 수 있는 사람이 실력을 가진 사람보다 이익으로 남는다는 것을 알게 된다.

    〈군주론〉의 저자 마키아벨리는 사람은 이익이 있으면 움직이기에 사람을 움직이게 하기 위해서는 이익을 주어야 한다고 말한다. 또한 〈한비자〉에서도 신하가 군주에게 충성하는 이유 역시 충성을 해야 자신에게 이익이 있다는 것을 알기에 신하들이 군주에게 충성을 한다고 말한다. 물론 위에서 언급된 '사람은 이익에 의해서 움직인다'에 적용되지 않는 사람도 많다. 이익보다는 순수한 마음의 발로에서 희생하고 헌신하는 사람도 많다는 것이다.

상대방과 관계를 맺는 것이 자신에게 이익이 되기에 관계를 맺으려는 사람이 있는 반면, 상대방을 향한 순수한 사랑과 우정의 마음에서 관계를 맺으려는 사람도 있다. 물론 후자와 같은 사람이 많다면 더할 나위 없겠지만, 이해득실에 따라 입장 표명을 달리하는 사람들이 우글대는 이익 집단 속에서 순수한 마음과 헌신적인 마음으로 관계를 맺어 가는 보석 같은 사람을 찾는다는 것은 백사장에서 바늘을 찾는 것보다도 더 어렵다. 결국 사람과 사람 간의 관계는 유·무형의 이익이 지속되지 않으면 소원해지기 마련이다.

사람은 나이가 들면 들수록 그 나이에 걸맞은 사람을 만나 관계를 하기 마련이다. 또 생각하는 수준과 삶에 처한 상황에 따라 그에 걸맞은 사람을 만나 관계를 맺는다. 이 말인즉, 사람은 자신이 처한 상황에 따라 자신이 필요로 하는 사람과 관계를 맺음을 의미한다. 돈에 쪼들리면 돈이 많은 사람을 필요로 하고, 사랑에 굶주리고 있다면 자신에게 사랑을 채워 줄 사람을 필요로 한다.

또 어떤 경우에는 자신의 부족한 부분을 채워 주는 사람과 관계를 맺으려는 경우도 있다. 자신이 되고 싶은 로망이 되는 사람과 함께하는 과정에서 자신의 욕구를 채우고 그 사람을 통해 대리만족 하려는 것이다. 그렇다고 해서 그것이 나쁘다는 것은 아니다. 이러한 속성이 있음을 알고 관계를 맺어야 하며, 더불어 자신이 상대에게 유익을 줄 수 있는 사람이 되도록 노력해야 한다.

그렇다면 이토록 이해 득실(得失)에 따라 관계를 저울질 하는 사람들이 많은 시대적 상황에서 어떤 관계성을 갖는 것이 좀 더 오래도록 좋은 관계를 유지하는 데 도움이 될까? 그렇다고 이익이 있으면 관심을 보이고 그렇지 않으면 무관심한 사람을 속물이라고 탓할 수는 없다. 모든 사람은 그러한 속성에서 결코 자유로울 수 없기 때문이다. 그러므로 좋은 관계를 형성하기 위해서는 상대방에서 이익을 줄 수 있는 유 무형의 파워(Power)를 지니고 있어야 한다. 또한 그러한 파워가 상대의 욕구를 충족시켜 주는 정도의 파워여야 한다.

자신에게 가진 것이 없다면 남에게 줄 것도 없다. 곳간에서 인심이 난다는 말이 있듯이 타인에게 베풀 수 있는 유 무형의 파워가 없다면 관계는 오래도록 지속될 수 없다. 그러기에 좋은 관계를 형성하기 위해서는 좋은 관계를 형성하고자 하는 마음 이전에 좋은 관계를 지속 유지시킬 수 있는 신비로운 힘이 필요하다. 그것이 돈이 될 수도 있고, 권력이 될 수도 있다. 중요한 것은 상대방의 부족한 점을 채워 주고 상대방이 추구하고자 하는 욕망을 채워 주어야 한다는 것이다.

더욱 이상적인 경우는 상대방이 원하는 이익을 제공하되 진정으로 진심(眞心)을 담아야 한다는 것이다. 아울러 서로가 서로에게 이익이 되어야 함은 지극히 당연하다. 어느 한쪽에서 일방적으로 주고 어느 한쪽이 일방적으로 받기만 하는 사이라면, 그 관계는 그리 오래 지속되지 않는다는 점을 알아야 한다. 그렇다고 서로에게 이익이 되어야만 좋은 관계가 유지될 수 있다고 오해해서는 안 된다. 서로에게 이익이 되어야 한다는 말의 참뜻은 서로가 서로의 속내를 알아야 하고, 서로가 서로의 부족한 점을 채워 주고, 서로가 서로의 속마음에 들어가 서로의 마음을 어루만져 주어야 한다는 의미다.

그래서 가장 좋은 이익은 유형의 이익을 상대방에게 주는 것이 아니라, 사랑과 우정과 헌신과 위로와 배려와 친절과 신의라는 보이지 않는 무형의 이익을 주는 것이다. 오래도록 그 향기가 희석되지 않고 그 가치(value)가 시일이 지나면 지날수록 더해 가는 이익을 주고받는 사이가 되어야 한다. 그러한 관계 맺음을 해야 한다. 그래야 사람과 사람의 관계에서만 피어나는 진하고 진한 인(人)의 향기가 피어나는 것이다.

08

리더(leader)이자
팔로워(follower)로

사람이 서로 가까워지고 친해진다는 것은 서로가 서로에게 길들여지는 과정이라고 볼 수 있다. 리더가 팔로워를 이끌고 팔로워가 리더를 따르는 구조로 서로의 관계를 맺고 있지만 리더나 팔로워가 바뀌면 속성이나 특성에 맞게 서로 다른 상호 영향력을 주고 받게 된다. 이때 어느 한쪽이 리더가 되고 다른 한쪽은 팔로워가 된다. 그러한 관계는 직책보다는 상호 처한 상황에 따라 다르다. 즉, 서로의 관계가 어떤 경우에는 리더와 팔로워로서의 수직선상의 관계가 되고 경우에 따라서는 동등한 수평선상의 관계가 되기도 한다. 처한 상황에 따라서 그 관계의 속성을 달리한다는 것이다.

어떤 경우에는 친구 같은 사이가 되기도 하고, 어떤 경우에는 주종의 관계가 되기도 한다. 그래서 관계를 맺으면 항상 주도권 싸움을 하는 이유가 바로 여기에 있다. 서로가 서로에게 영향력을 발휘하여 서로가 원하는 것을 자기 마음대로 얻고자 하기 때문이다. 자기가 원하는 것을 순조롭게 얻기 위해서 상대방을 주도적으로 이끌려고 한다. 그러다 보면 관계에 금이 가기 마련이다. 다행히 주도하는 자의 영향력을 받는 상대가 알아서 따라주고 상대방의 그러한 주도적인 힘을 인정해 주면 좋은데, 그렇지 않는 경우가 많다.

또 상대방을 주도하는 사람도 석정하게 처음처럼 한결같은 마음으로 주도하면 좋으련만, 시간이 지나면 지날수록 그 수위가 높아지고 거칠어지는 성향을 보인다. 그러다 보면 처음에는 아무 불평 없이 따르던 사람도 급기야는 반감을 갖게 되고, 상대방의 영향력에 대해서는 인정을 하지 않는 모습을 보일 수 있다. 그로 인해서 결국은 관계에 금이 가고 극단적으로는 관계가 깨지는 경우도 발생한다. 그러므로 좋은 관계를 계속해서 유지하기 위해서는 리더와 팔로워가 아닌 수평적인 관계선상에서의 동료의식과 동지의식을 가지고 임해야 한다. 주인과 하인, 리더와 팔로워로서의 수직적인 관계가 아닌, 서로 존중하고 서로 아껴 주면서 서로가 서로에게 동등하게 대우하고 동등하게 대우받는 관계가 되어야 한다.

그러기 위해서는 말 한마디를 하더라도 상대방이 주종관계를 느끼지 않도록 부탁하는 어조로 말을 해야 하고, 같은 일을 시키더라도 항상 솔선수범해서 같이하는 협력과 함께하는 권유형의 어조로 말을 해야 한다. 그렇지 않고 자기가 잘 아는 분야라고 해서 상대방을 깔보는 형태로 지시를 하거나 마치 상대가 자신의 부하인 양 말을 하는 것은 상대방의 자존심을 상하게 하고 결국에는 관계가 파국으로 치닫는 갈등의 불씨가 된다는 점을 알아야 한다.

대부분 오래도록 좋은 관계를 유지하는 사람들은 친구나 동료로서의 정겨운 언어를 구사하는 것도 있지만, 서로가 존중하는 마음으로 존대어를 쓴다는 것이다. 막말을 하지 않고 친하다고 말을 놓지 않으며 어느 정도 상대를 예우해 주는 차원에서 존칭을 하는 경우가 많다. 상대방을 존중하고 겸손한 마음으로 상대방에게 좋은 의사표현을 하는 것이라고 볼 수 있다.

일반적으로 존댓말을 하게 되면 전두엽이 활성화되지 않고 감정이 정서적으로 평안을 유지하게 된다. 화가 난 상태에서도 존댓말을 하게 되면 전두엽이 자극을 받지 않아 화난 감정이 폭발하는 경우가 발생하지 않는다는 것이다. 그런 점에서 볼 때, 서로가 존중하는 마음으로 존댓말을 하는 것이 좋은 관계를 계속해서 유지하는 비결이 되기도 한다.

부부싸움을 할 때도 서로에게 존댓말을 하면 싸움이 극으로 치닫지 않는다고 한다. 그렇지 않고 서로가 평상시에 말을 거칠게 하고, 허물이 없다고 생각해서 말을 짧게 하는 것이 습관이 되다 보면 결정적인 상황에서 서로가 감정 싸움을 할 때 결국은 서로의 감정을 여과 없이 드러내게 되어 작은 일도 큰 일로 번질 수 있다는 점을 알아야 한다.

또 오래도록 좋은 관계를 유지하는 사람들은 서로가 이끌고 서로를 따른다. 그래서 마치 옆에서 제 3자가 바라보면 이끄는 것인지 혹은 따르는 것인지를 가히 구분할 수 없을 정도다. 이끄는 듯하면서 따르고 따르는 듯하면서 이끄는 관계가 되는 것이다. 이는 서로가 서로의 상황을 잘 알기 때문에 가능하다. 서로가 서로를 배려하는 차원에서 서로가 원하고 바라는 것을 상대방이 굳이 말로 표현하지 않아도 '이심전심(以心傳心)'이라고 알아서 챙겨 주는 것이다.

그러니 상대가 주도권을 잡으려고 하지 않을 것은 자명한 사실이다. 굳이 주도권을 잡고 나서지 않아도 상대방이 알아서 원하고 바라는 것을 충족을 시켜주는데, 굳이 그럴 필요까진 없지 않은가? 아울러 서로가 어려운 처지에 놓이면 상대방이 부탁하지 않아도 알아서 헌신적 · 희생적으로 상대방을 위로하고 지원하기에 오래도록 관계가 유지되는 것이다. 자기 유리한 고지에 있을 때는 상대방을 얕잡아 보고 자신이 어렵고 힘들고 아쉬울 때는 상대방에게 아부하고 아첨하는 관계는 오래가지 않는다는 점을 알아야 한다.

그러므로 자신이 상대방을 주도적으로 이끌고 있다면, 항시 팔로워의 자세를 유지해야 한다. 사람들은 따르는 자에게 호감을 느끼지만, 아무리 훌륭한 리더십을 가졌다고 해도 자신을 이끄는 사람에게는 별다른 호감을 느끼지 않는다는 점을 명심하자. 그런 점에서 비춰 볼 때, 오래도록 좋은 관계를 유지하기 위해서는 서로가 서로를 추종하고 서로가 서로에게 먼저 인정을 베푸는 태도로 상대방과 관계를 하는 것이 바람직할 것이다.

09

상대 욕구 채우고
내 욕구 억제하고

좋은 관계를 지속적으로 유지하기 위해서는 상대방의 욕구를 지속적으로 채워 주되 메슬로우의 욕구 5단계 중 상위 욕구를 채워 주어야 한다. 관계의 질은 욕구 수준이 상위에 있을 때 좋은 관계로 형성되고, 욕구 수준에 비례하여 관계하는 기간도 길어지게 된다. 본능의 욕구만을 탐하는 관계는 욕구가 해결되면 관계가 소원해지게 마련이지만, 자아실현의 욕구를 탐하면 어느 순간에 끝나는 것이 아니라 계속 유지되기 때문이다.

욕구 수준이 낮은 것은 그것을 충족해서 느끼기까지의 성취감의 폭과 시간이 짧다. 하지만 욕구 수준이 높은 것은 충족하면 충족할

수록 계속해서 더 깊이 있는 욕구 충족에 대한 욕구가 생기고, 욕구가 완전히 해결되지 않고 계속해서 욕구에 대한 허기가 높아진다. 물론 욕구 수준이 낮은 것 또한 욕구를 탐하면 탐할수록 그 강도가 강해지지만, 욕구가 충족된 이후에 느끼는 성취감과 보람의 유지 기간 혹은 시효 면에서 욕구 수준이 높은 것이 비교적 오래간다고 볼 수 있다.

그러므로 좋은 관계를 오래도록 유지하기 위해서는 가능하면 상위 수준의 욕구를 채워 주는 데 힘써야 한다. 본능적인 욕구에 의해서 관계를 하기보다는 자아실현의 욕구, 도덕적인 욕구, 문화적인 욕구 등을 충족하는 데 주력해야 한다.

사람이 사람과 관계하는 이유는 앞서 말한 바와 같이 서로가 상보적인 관계에서 서로의 관계를 통해서 필요로 하는 것을 주고받기 위해서다. 그리고 득과 실을 따져서 셈을 하기보다는 서로의 욕구를 충족하는 과정이 바로 관계하는 과정이라고 볼 수 있다. 그 충족되는 욕구의 수준에 따라서 관계의 질이 결정되고, 그 욕구가 얼마나 오래도록 가느냐에 따라서 관계하는 기간의 장단이 결정된다.

그런 점에 비춰 볼 때, 우리가 다른 사람과 오래도록 관계를 유지하기 위해서는 상대방의 욕구를 최대한 충족시켜 주되 욕구의 수준을 점점 높여 가야 한다. 이에 더하여 메슬로우가 말한 바와 같이 상위의 욕구를 해결하기 위해서는 먼저 하위단계의 욕구를 채워야 하므로 그보다 하위 욕구인 본능의 욕구, 안정의 욕구, 친화의 욕구를 우선적으로 충족시켜야 한다. 그 욕구가 해결되어야 비로소 명

예의 욕구나 자아실현의 욕구가 충족되기 때문이다.

관계의 질을 형성하고 관계가 어느 정도 오래갈 것인가에 대한 바로미터는 관계를 맺은 상대방과 어떤 욕구 수준에 있는가를 진단해 보면 어느 정도 직감할 수 있으며 관계의 질도 평가할 수 있다. 가장 이상적인 관계는 메슬로우의 욕구 5단계 중에서 하위 단계의 욕구를 서로가 채워 가면서 상위 수준의 욕구를 지향하는 것이다.

인간이 살아가는 데 있어서 빵만으로는 살 수가 없다는 말이 있듯이 무형의 지식과 의식도 살아가는 데 있어서 꼭 필요한 요소이다. 이는 육체적인 건강이 정신적인 건강에 기여하고, 정신적인 건강이 육체적인 건강에 이바지하기 때문이다. 그러므로 오래도록 관계를 유지하기 위해서는 심신의 건강에 치중해야 한다. 아울러 사람이 살아가는 궁극적인 목적이 행복에 있음을 명심해야 한다. 즉, 욕구를 추구하는 궁극적인 목적이 행복에 있음을 알라는 것이다. 그러므로 좋은 관계를 유지하기 위해서는 상대방이 행복감을 느끼도록 해야 한다.

행복한 상태는 마음이 안정되고 평화로운 상태를 의미한다. 경우에 따라서는 그 욕구가 충족된 순간이 행복한 순간이라고 볼 수도 있으나 반드시 그 순간이 행복한 상태는 아니다. 욕구 결핍으로 인해서 마음이 불안하고 두려움이 있는 과정에서는 불안한 마음 상태가 되기 마련이다. 불안한 마음 상태가 없어지고 안정된 마음 상태에 이르는 과정이 바로 행복한 과정이다. 결국 행복은 정지 상태가 아니고 계속해서 움직이는 과정이다. 즉, 욕구가 충족되는 과정,

욕구를 충족하기 위한 과정이 행복이라는 것이다. 그 행복한 과정을 함께하는 여정이 좋은 관계를 형성하는 과정이라고 볼 수 있다.

극단적으로 말해서 함께 있는 순간이 행복한 순간이 아니라면, 서로의 삶에 치명적인 독을 뿌리는 관계일 수밖에 없다. 그러므로 서로가 함께하는 순간이 서로에게 마음의 안정과 평화를 주는 행복한 관계여야 한다. 그러한 관계가 유지될 때 그 관계가 오래도록 유지되는 것이다. 아울러 현재 관계하는 과정이 비교적 불행한 상황이어도 앞으로 점점 행복해질 것이라는 기대감이 있다면, 그 관계는 계속해서 점점 좋아질 것이다.

욕구가 충족되는 과정이 행복한 과정이어야 하고, 그러한 과정이 서로에게 마음의 안정과 평화를 준다면 그 관계는 오래도록 유지될 것이다. 만일 그렇지 않고 계속 어느 특정한 욕구에 편중되어 관계가 유지된다면, 그다지 좋은 관계의 질을 상호 추구하지 못하여 행복의 양과 질의 수준 또한 하위 수준에 머물 것이라는 점을 명심해야 한다.

10

신비로움이
있어야 한다

모든 것이 다 보이는 상태보다는 다소 아슬아슬하게 보일 듯 말 듯한 상태가 사람의 애간장을 녹이게 마련이다. 또 100퍼센트 공개하기보다는 뭔가 모르게 귀하고 소중한 것을 숨겨 두고 보일 듯 말 듯 줄 듯 말 듯 공개할 듯 말 듯한 것이 사람의 호기심을 자극하기도 한다.

대부분의 사람들이 호기심을 느끼거나 관심을 갖는 것은 어느 정도 아는 부문에 대한 것이다. 전혀 모르는 것에 대해서는 무관심을 보이는 것이 사람이 심리다. 생판 처음 보고 전혀 알지 못하는 것을 알고 싶어하는 사람도 있지만 그것은 미지를 탐험하는 탐험가들로 특별한 사람들이지, 대부분의 사람들은 자신이 알지 못하고 본 적이 없고 한 적이 없는 것에 대해서는 그다지 크게 관심을 보이지 않는다. 그보다는 오히려 자기가 조금 알고 잘만 하면 할 것도 같고 조금만 더 노력하면 잘 될 것 같은 것에 대해서 호기심을 느끼고 관심을 갖는다.

그런 점에 비춰 볼 때, 좋은 관계를 오래도록 유지하기 위해서는 관계에 어느 정도 신비감이 있어야 한다. 영웅도 3일이 지나면 영웅처럼 보이지 않듯이 사람들은 자기가 이미 잘 알고 있는 것, 너무 앞뒤가 확연하게 잘 드러나는 것, 시작부터 이미 결과가 명징하게 드러나는 것에 대해서는 그다지 큰 호기심을 보이지 않는다. 반면에 만나면 만날수록 재미가 있다든지 보면 볼수록 예뻐진다든지, 함께하면 함께할수록 상대방의 능력이 어디까지인지를 알 수 없다든지 만나면 만날수록 대화하면 대화할수록 그 깊이와 넓이를 헤아릴 수 없는 경우에는 호기심을 드러내게 마련이다.

자신의 노력에 의해서 자신이 하기에 따라서 그 결과값이 크게 다르게 나타나고 성과가 달리 나타난다고 생각하면 더욱더 애착을 갖게 되는 속성 또한 가지고 있다. 타인의 노력에 의해서 결과나 성과가 달라지는 것이 아니라, 자기가 정성을 다해서 조금만 더 노력을 하면 더욱 좋은 성과가 나올 것이라는 것을 알 때 더욱더 지극정성으로 대한다는 것이다. 그러므로 오래도록 관계를 유지하기 위해서는 서로가 알고 싶어 하는 것에 대한 신비의 영역이 마련되어 있어야 한다.

심리학에서 대인관계와 의사소통의 형태를 설명하는 '조하리의 창'에서 볼 수 있듯이 사람과 사람 간의 관계에서는 관계하는 사람이 모두 알고 있는 개방된 영역이 있고, 서로가 모두 알지 못하는 미지의 영역이 있으며, 어느 한쪽만을 알고 있는 비밀의 영역과 맹점의 영역이 있을 수 있다. 관계에 있어서 제일 이상적인 경우는 비밀의 영역이나 맹점의 영역이 가급적이면 적은 것이고, 또한 개방된 영역이 많을수록 좋다.

그렇다고 일시에 모두 개방된 영역 관계에 놓인다면 이미 그 관계는 끝난 것이나 다름없다. 서로가 서로에 대해서 너무 잘 알기 때문에 좋을 것이라고 생각한다면 오산이다. 친한 관계일수록 어느 정도 맹점의 영역과 서로 간에 모르는 비밀의 영역이 있으면 더욱 생동감 있는 관계를 유지할 수 있다고 말하는 학자도 있다. 참고로 비밀의 영역은 나만 알고 상대방은 모르는 영역을 의미하고, 맹점의 영역은 상대방은 아는데 내가 모르는 영역을 의미한다.

친한 관계에서도 비밀과 맹점의 영역은 있기 마련이다. 내가 나 자신을 완전히 아는 데에도 평생이라는 시간이 걸리는데, 하물며 상대방과 개방의 영역이 완전히 열린다는 것은 이치에 맞지 않다. 즉, 개방된 영역도 미지의 영역도 비밀의 영역과 맹점의 영역이 존재한다는 것은 이론적으로 억지로 알기 쉽게 분류를 해 놓은 것일 뿐, 서로가 알지 못하거나 내가 알지 못하고 상대방이 알지 못하는 것은 모두가 신비의 영역이라고 말할 수 있다. 그런 영역이 어느 정도인가에 따라서 관계의 시효가 달라진다는 것이다.

작업의 정석에서 잡은 고기에는 먹이를 주지 않기에 사랑하는 연인일수록 어느 정도 잡힐 듯 말 듯한 관계일 때 가장 신선한 사랑을 느낀다고 말한다. 이 말인즉 너무 많은 것을 서로 알아 버리거나 줄 것을 모두 주고 받을 것을 모두 받아 버리는 관계보다는 어느 정도 신비감을 가지고서 서로가 호기심을 느끼는 정도의 관계를 유지해야 한다는 말로 바꿔 말할 수 있다.

서로가 상대방에게 줄 것이 더 있고 받을 것도 있는 관계, 보면 볼수록 만나면 만날수록 더욱더 신비로움이 더해 가는 관계, 그러한 관계에 있을 때 서로가 서로에게 더욱더 호감을 갖는다는 점을 알아야 한다. 아울러 한 순간에 베일이 다 벗겨지는 것이 아니라 양파의 껍질을 벗기듯이 하나씩 하나씩 벗겨지고, 시간이 흐르면 흐를수록 나무에 나이테가 생기듯이 서로의 관계에 서로가 모르는 자기만의 신비로운 내공이 하나하나 쌓여 갈 때 서로 간의 관계가 오래도록 유지되는 것이다.

알베르트 아인슈타인의 말처럼 알면 알수록 모르는 영역이 더 많아지는 것처럼 사귀면 사귈수록 만나면 만날수록 관계하면 관계할수록 더욱더 신비로움이 넘치고, 대화를 하면 할수록 깊이 있는 내공을 발견할 수 있는 관계라면 오래도록 유지되는 관계다. 그러기 위해서는 서로가 서로를 위해서 노력을 해야 한다. 즉, 서로가 서로에게 신비로운 존재가 되도록 어느 정도 노력을 기울여야 한다는 것이다. 매일 9시 뉴스를 봐도 새로운 소식이 계속해서 나오듯이 서로가 서로에게 신비로움을 주고 새로움을 주기 위해서 서로가 노력해야 한다.

그러기 위해서는 배우고 익히는 것을 게을리 하지 말아야 하고, 상대가 발견하지 못하는 상대방의 능력을 발견하여 상대방이 더욱 역량 있는 사람이 되도록 멘토의 역할도 해야 한다. 그리고 자기만이 알고 있는 비밀스러운 노하우도 상대방을 위해서 조금씩 공개함으로써 비밀의 영역도 점점 줄여 가는 것이다. 우물을 퍼내고 퍼내도 영원히 마르지 않는 화수분처럼, 서로가 서로에게 주는 신비로움이 가득할 때 서로의 관계를 오래도록 유지할 수 있다.

중요한 것은 그 신비로움이라는 것이 단순히 거룩하고 성스러운 신비가 아니라 서로에게 다정다감한 친밀감과 서로를 알고 싶어 하는 호기심을 자극하는 정도의 친근한 신비감이어야 한다는 것이다. 그래야 오래도록 관계가 유지된다.

Chapter
04

예절 바른 마음으로

상대를 내 편으로 만들고 싶다면 겸손함으로 사람을
대해야 한다. 사람들에게서 겸손한 사람이라는 평을
들을 수 있다면, 직접 겪어 보지 않은 사람도 친구로
만들 수 있을 것이다.

01

귀로 들으면
입으로 나온다

 지방에 살면서 편리한 점들이 몇 가지 있는데, 그중 한 가지는 자동차를 주차하거나 유턴할 때 손쉽다는 점이다. 그러나 이런 편리함은 부메랑이 되어 돌아오곤 하는데, 예기치 않게 방향을 바꾸거나 끼어드는 차들로 인해 아찔한 순간을 맛볼 때가 종종 있다.

 이동하는 사람들과 대기 중인 택시들로 늘 붐비는 터미널 부근을 지나면서 승객을 내려주고 사정없이 유턴을 하는 택시 때문에 정말 미친 듯이 급제동을 했었다. 뒤도 돌아보지 않고 가는 택시를 보면서 욱하는 마음에 순간적으로 나도 모르게 욕을 했다. 그런데 욕을 하고 나서, 나는 그만 소스라치게 놀라서 입을 막고 말았다. 이 욕의 수위가 가히 충격적이었기 때문이다. 내가 그런 욕을 쓸 수 있다는 사실에 스스로 너무 놀라, 혹시나 누가 듣지 않았나 본능적으로 돌아보았다. 도대체 어떻게 이런 욕을 할 수 있는 걸까? 충격에 빠져 고민하던 나는 이내 그 답을 어렵지 않게 찾을 수 있었다.

그 즈음 개인 컨설팅을 하고 있었던 대표가 있었는데, 젊은 시절부터 건설현장에서 잔뼈가 굵어지면서 현재의 회사를 운영하고 있는 분이었다. 컨설팅을 의뢰할 때도 그런 거친 모습이나 말투를 지위에 어울리도록 바꾸어 달라는 요청을 받았던 터였다. 컨설팅을 진행하는 동안 현장에서의 상황들을 전화로 처리하는 일들이 종종 있었는데, 시기적으로 건설업이 고전을 면치 못하던 때였던 터라 문제상황이 자주 발생하는 모양이었다. 황당한 상황이 좀처럼 해결되지 않을 때면 평상시 습관처럼 거친 욕들을 쏟아내곤 하셨는데, 그때의 말들이 그대로 나에게 저장되었던 모양이다. 내 평생에 가장 거친 말로 욕을 해 본 순간이었다.

식물들을 키워 내는 일에 무척이나 둔한데다가 집을 비우는 일도 많아서 우리 집에 온 화분들은 말라서 죽어 가는 것들이 많다. 어느 시점인가부터 화분 하나에도 정성을 들이지 못하는 자신이 부끄러워지면서 요즘은 하나 둘씩 화분 수를 늘여 가는 중이다. 화분들이 한쪽으로 치우쳐서 자라는 것을 막기 위해 가끔씩 방향을 바꾸어 주어야 한다는 것도 알게 되었는데, 반나절이면 해를 향해 쏠려 있는 모습들은 늘 볼 때마다 늘 새롭게 느껴진다.

우리들도 어쩌면 저 식물들처럼 여리고 연약한 건지도 모르겠다는 생각이 든다. 어떤 환경에 처하는지에 따라 우리의 모습이나 말투가 참 쉽게 변하곤 한다. 거친 말투, 특히 욕은 극도로 싫어하는 편이라 그런 말을 아무리 듣는다 해도 사용하지는 않을 거란 자신이 있었는데, 무의식 상황에서 툭 하고 튀어나온 것이다. 어쩌면 우리는 귀로 들리는 것에 대해 굉장한 영향을 받고 있는지도 모른다. 같은 자극에 계속해서 노출되었을 때, 생각은 듣는 것들을 향하는 특징을 가지고 있는 것이다. 그래서 성경은 "믿음은 들음에서 나는 것"이라고 하는 것 같다.

좋은 말, 고운 말을 들으면 그런 말들을 사용하게 되고, 거칠고 상스러운 말을 접하면 말은 또 그렇게 바뀌어 가는 것이다. 두 가지의 습득 속도는 거친 쪽이 훨씬 빠르게 스며든다는 것을 우리는 경험을 통하여 알고 있다. 이 때문에 언어를 바꾸기 위해서는 나를 둘러싼 환경을 먼저 바꾸어야 한다. 아무리 노력을 해도 환경이 거칠면 그런 요소들이 나도 모르는 사이에 내 몸속에 저장되어서 어느 순간 튀어나오기 때문이다. 어린 아이들과 잠시만 놀아 보면 아이들의 부모들이 어떤 말을 사용하는지 어떤 행동을 하는지를 쉽게 알수 있는데, 어른들보다 가변성이 강한 어린이들에게는 온유하고 건전한 환경을 제공해야 하는 건 두말 할 필요가 없을 듯하다.

요즘 10대들이 또래와 어울릴 때 욕을 쓰지 않으면 공감대 형성이 안 될 정도라고 한다. 실제 그들의 대화에서도 욕을 빼면 대화가 안되는 모습을 어렵지 않게 만나 볼 수 있다. 그런 문화를 걱정하는 이유는 단지 욕을 사용하는 습관 때문이라기보다는 그런 속에서는 생각과 성품이 거칠어질 가능성이 농후하기 때문이다. 10대들이 일으키는 범죄가 점점 더 강력하고 잔인해지는 우리의 사회 현실을 돌아보며, 다양한 대안들과 해결책을 고민해 보아야 할 시점이다.

닭이 먼저냐 달걀이 먼저냐의 문제일 수도 있겠지만, 언어 환경을 유순하게 바꾸면 행동에도 영향을 미칠 수 있는 건 분명한 사실일 것이다. 강해야 주목 받고 거칠어야 힘이 있어 보인다는 그릇된 생각들이 점점 더 드센 말들을 만들어 내고 사용하게 만들고 있다. 이런 환경의 영향을 알기에 스스로 사람을 만나는 폭을 점점 좁히는 건 아닐까 염려스럽기도 하다. 부정적인 말을 쓰는 사람과 함께 있는 것보다는 긍정적인 말을 쓰는 사람과 있을 때 편하고 즐겁기에 만나는 사람들을 그런 쪽으로 편중하기 때문이다.

그리고 나 또한 누군가에게 에너지를 소모하는 말을 한다든지 부정적인 면을 부각시키는 말을 하고 있는 건 아닌지 자주 돌아보아야 할 것 같다. 우리의 생각은 노력하지 않으면 부정에 노출될 확률이 훨씬 높다는 연구결과들이 많이 발표되었는데, 심지어는 긍정 대 부정의 비율이 1대 17이라고 말하는 학자도 있다. 그 정도의 비율까지는 정확히 알 수 없지만, 우리의 언어는 좋은 말보다는 욕을 더 빨리 배운다는 건 쉽게 알 수 있다.

운전 중 욕을 뱉는 사건을 경험한 후 그 대표에게 황당했던 경험을 이야기했고, 가능하면 전화로라도 욕을 하는 일은 없게 해달라고 농담처럼 부탁을 했었다. 얼굴까지 빨개지며 미안해하셨지만, 충격요법이 통해서인지 그 후론 표가 나도록 조심을 해 주었다. 나 자신을 위한 부탁이기도 했지만 나쁜 버릇을 없애려면 철저히 노력해야 한다고 생각했기 때문이다.

자신이 말하는 건 자신이 가장 먼저 듣는다. 아무도 없는 곳에서 혼자 하는 욕이지만, 분명 자신의 귀는 듣고 있는 것이다. 그렇게 들은 건 언젠가는 튀어나오는 법이다. 성품을 순화하려면 말을 바꾸어야 하고, 말을 바꾸려면 혼자 있을 때의 언어를 순화해야 한다.

02

온몸으로
말하라

20년쯤 전 해외여행이 흔치 않았을 때 단체 연수로 처음으로 유럽을 다녀온 적이 있다. 어학에 대한 분위기도 지금과는 달라서 영어로 겨우 입을 떼는 정도였는데, 특히 유럽은 영어로도 통하지 못하는 곳이 많아서 개인적인 활동이나 쇼핑은 꼭 가이드에게 의존할 수밖에 없는 상황이었다. 우리 팀에 연세가 좀 많은 왕 언니가 있었는데, 말도 잘 통하지 않는 이 분이 전체적인 관광을 마치고 주는 짧은 시간 동안 기가 막히게 쇼핑을 하고 오는 것이었다. 쇼핑을 하는 정도를 넘어서 늘 누구보다 가장 저렴한 가격으로 기념품을 구입해 오는 것이 아닌가?

처음엔 외국어를 잘하나 보다 생각하다가, 며칠 지나자 그 비법이 궁금했던 모든 사람들이 어떻게 그렇게 말을 잘해서 쇼핑을 잘하느냐고 묻기 시작했다. 조용히 웃기만 하던 왕 언니는 자기는 외국어를 잘 못한다며, 그냥 사는 거라고만 말했다. 궁금함을 참지 못한 일행들이 동행을 했는데, 놀랍게도 쇼핑을 하면서 사용하는 말은 'please'와 'discount', 두 단어와 계산기가 전부였다. 흥정이 진행될수록 'please'와 표정과 몸짓은 한층 더 간절해졌다.

결국 자신이 원하는 가격과 근소하게 흥정을 마치는 모습을 보고 우리는 감탄을 금치 못했다. 그날 밤, 숙소에 모인 우리는 간절한 표정으로 'please'를 연습하면서 밤새 웃느라 정신이 없었다. 하지만 아무리 연습을 해도 그 왕 언니보다 저렴하게 물건을 구매해 오는 사람은 끝내 없었다. 아줌마 정신이 만들어 낸 간절함은 며칠 간의 연습으로 만들어지는 게 아니었던가 보다.

조금은 재미있는 기억이지만 '만국 공통의 언어는 보디랭귀지'라는 말이 실감나는 일이다. 만일 우리가 말을 할 때 동작을 사용하지 않는다면 어떻게 될까? 말을 잘하는 사람들을 살펴보면 그들의 제스처는 정확하고 군더더기 없이 자신이 하는 말을 뒷받침하고 있다는 걸 금세 알 수 있다. 습관적인 손동작이나 쓸데없는 행동들을 하지 않고, 말하는 것과 동일하거나 오히려 말보다 더 강한 표현들을 하기도 한다.

얼굴을 비롯한 몸의 모든 움직임은 우리의 마음 상태를 전달하는 매개이다. 의도를 가지고 표현하기도 하지만, 때로는 의도하지 않은 마음 상태도 드러나게 하는 것이 몸의 움직임들이다. 말을 하다 보면 자신의 속마음을 숨겨야 할 피치 못할 상황이 생기기도 하는데, 이럴 때 자신도 모르게 몸으로는 진심이 드러나게 된다. 문제는 상대방이 내가 보내는 말의 메시지와 몸의 메시지가 다를 경우, 말의 메시지보다는 몸의 메시지를 신뢰한다는 것이다.

생각보다 비언어적인 메시지의 힘은 강력하다. 엄마들은 말 한마디 하지 않고 눈빛만으로도 잘못을 저지른 아이를 자백하게 할 수도 있고, 상사들은 눈빛을 주지 않는 것만으로 부하 직원을 주눅 들게 할 수도 있다. 말을 하는 사람은 말에 의존해서 전달하려는 경향이 강해지지만, 듣는 사람의 입장이 되면 비언어가 오히려 판단의 단서가 됨을 알 수 있다. 소통은 말하는 사람 중심이 아니라 듣는 사람 중심이라고 한다. 그렇다면 말을 할 때 비언어적 요소에 조금 더 신경을 써야 한다는 것은 당연한 일일 것이다.

비언어적인 요소들을 자연스럽게 표현하는 일이 쉬울 것 같지만, 이것도 연습을 하지 않으면 자연스럽게 되는 일이 아니다. 여러 사람 앞에서 말을 할 때 사람을 쳐다봐야 한다는 건 누구나 다 알고 있지만, 막상 스피치 훈련을 하다 보면 허공이나 땅을 응시하거나 한두 사람만을 쳐다보는 사람이 의외로 많다. 대화를 할 때 자신을 똑바로 쳐다보지 않고 이야기하는 사람을 신뢰하는 일은 극히 드물다는 것을 알고는 있지만 몸의 훈련이 덜 되었기 때문이다.

손의 움직임은 자신의 확신을 나타내는 좋은 기관이지만 반대로 지나치게 자주 움직인다거나 힘없이 표현을 하면 산만하거나 확신이 없는 사람이라는 인상을 줄 수 있다. 또한 몸은 말하는 사람을 향해 똑바로 놓여 있어야 하는데, 특히 어깨의 방향은 상대에게 호의적인지 그렇지 않은지를 판단하는 척도가 된다. 자신이 말할 때의 습관이 어떤지를 거울을 보면서 체크하거나 가까운 사람들에게 피드백을 받는 일은 자신도 모르게 나타나는 비언어를 교정하는 좋은 방법이다. 몸으로 가장 정확한 메시지를 전달하는 사람들은 연극배우들이다. 그들의 움직임을 보고 배우는 것은 표현에 많은 도움을 받을 수 있다.

소통을 잘하는 사람은 상대가 보내는 비언어 메시지를 잘 알아듣는 사람이다. 집으로 손님을 초대한 날, 어느 정도의 일정이 끝나서 정리를 하고 싶은데 손님이 돌아갈 생각을 하지 않는 것 같다. 결국 하품을 한다거나 지친 표정을 나타내 보았는데도 손님은 도무지 갈 생각이 없어 보이고, 결국은 늦은 시간이 되어서야 일어났다. 이제 그 후로는 그 사람을 초대하지 않는 것은 물론이고 만나고 싶은 마음도 사라지고 만다. 그렇게 눈치가 없는 사람은 소통이 잘되지 않을 거란 생각이 들기 때문이다.

소통에 있어서 우리가 보내는 몸짓언어는 중요한 위치를 차지하는 것이 분명하다. 자연스러운 표현력을 기르도록 내 마음에서의 경직된 부분을 풀고, 마치 연극을 하는 것처럼 연습해 보아야 한다. 사랑은 눈빛만으로도 전달될 수 있고, 어깨를 감싸 주는 손으로도 따뜻한 위로를 전할 수 있는 것이다.

03

유머도
유전?

　내가 기억하는 아버지는 늘 책을 가까이하셨고, 고등학교 때가지도 내가 묻는 모든 질문에 대답을 해 주셨으며, 취미로 붓글씨를 써서 국전에 입상을 하는 경력을 가진 분이셨다. 그런데 이런 아버지의 반전 매력은 직원들과 야유회를 가면 머리에 넥타이를 두르고 막춤을 추며 우스갯소리로 마이크를 잡으셨다는 것이다.

　우리 집 아들 녀석은 아주 외향적인 성격이 아님에도 사람들 앞에서 말하기를 즐기고, 특히 자신이 한 말이 빵빵 터져 주면 희열을 느낀다고 말한 적이 있다. 기숙학교를 다녔던 아들의 학교를 첫 방문했을 때, 친구들만 몇 명 기숙사를 지키고 있어서 인사만 나누고 아들을 찾으러 나왔는데, 뒤늦게 만난 아들이 내가 기숙사에 들어갔었다는 사실을 알고 있었다. 분명히 누구네 엄마라고 말한 기억이 없는데 어찌 알았느냐고 했더니, 아들이랑 말하는 모습이 완전 똑같아서 엄마란 걸 금방 알겠더라고 했단다. 둘이서 마주 보고 "우리가 그렇게 닮았나?"라고 말하며 웃었다.

가끔 아들에게서 내 모습을 발견하기도 하고 아버지의 모습을 발견하기도 한다. 우리는 분명 말을 하는 모습 속에서도 부모의 모습을 담고 있는데, 유머를 하는 것도 마찬가지의 현상을 보인다. 아직은 유전학자들에게서 유머 DNA가 있어서 유전이 된다는 이야기를 듣지 못했음에도 불구하고, 자식들의 유머는 부모를 닮게 된다는 걸 속속들이 발견하곤 한다.

개그맨들이 토크쇼에 나와서 가족사에 대해 이야기하는 걸 보면, 부모 중 누군가는 분명 배꼽을 잡게 하는 에피소드를 만든다. 여자 개그맨 중에 제일 재미있다고 여기는 김신영은 할머니의 이야기를 소재로 삼아 사투리 개그를 구사해서 폭소를 터트리곤 한다. 유머가 있는 환경에서 자라나면 유머코드가 자연스럽게 형성되는 이유일 것이다.

요즘 세상에 유머는 필수 조건이다. 미혼의 아가씨들이 남자를 만나는 조건에 빠뜨리지 않는 점이 유머감각이라고 꼽는 점만 봐도 유머가 매력의 요소에서 얼마나 중요한 부분을 차지하고 있는가를 알 수 있다. 비록 자신은 유머감각이 부족한 부모 밑에서 자랐더라도 우리 자녀의 매력을 위해 썰렁 유머라도 시도해 봐야 할 것 같다.

후천적인 노력에 의해서도 유머감각은 얼마든지 키울 수 있고, 선천적인 감각을 물려받았더라도 노력하지 않으면 빛을 발하지 못할 수도 있기 때문이다.

　미국의 어느 자동차딜러의 책상에 "If you can make them laugh, you can make them buy(웃게 할 수 있다면 팔 수 있다)!"라는 표어가 적혀 있다고 한다. 전적으로 동의하는 말이다. 상대의 마음을 열어야 지갑이 열린다는 건 당연한 일인데, 상대의 마음을 여는 가장 좋은 기술 중에 하나가 유머라는 것이다.

　포춘(Fortune)지에서 포춘 500대 기업CEO를 대상으로 좋은 CEO가 되는 자질을 조사한 결과, 1위는 '총체적 인간됨', 2위는 '커뮤니케이션 능력'이었는데, 주목할 만한 일은 6위에 '유머'가 있었고 "리더에게 꼭 필요한 덕목이며 새로운 권위"라고 표현했다는 점이다. 또, 삼성 경제 연구소에서 '유머가 풍부한 사람을 우선적으로 채용하고 싶은가'라는 질문에 취업 담당자 631명중 50.9%가 '그렇다', 26.5%가 '매우 그렇다'라고 답해서 유머가 채용 여부에도 긍정적 영향을 미친다는 설문을 발표했다.

　유머를 구사하게 하는 심리적인 배경은 자신감과 느긋함이다. 자신의 생각만큼 웃어 주지 않아도 주눅 들지 않고, 다른 곳에서 들은 이야기도 자신의 것으로 자신 있게 말할 수 있는 자신감이 유머를 연습하게 만들기 때문이다. 그리고 아무리 급하거나 팍팍해도 느긋한 마음을 유지하지 못한다면 유머를 구사할 수 없기 때문이다. 그렇다면 유머를 구사하기 위해 우리가 기울여야 할 본격적인 노력에는 어떠한 것들이 있을까?

유머를 구사하기 위해서는 첫째, 메모를 습관화해야 한다. 다른 스피치도 마찬가지지만, 특히 유머는 들을 때 재미있어서 다음에 써 보려고 하면 꼭 중요한 부분이 생각나지 않는다. 듣는 즉시 메모할 수 없다면 그날을 넘기지 말고 가능한 생생하게 기억하고 있을 때 기록해 두어야 한다. 강사들에게도 유머는 청중과의 거리를 좁힐 수 있는 중요한 기술이기에 가끔 워크숍 등을 참석해 보면 식사 도중이라도 누군가 재미있는 이야기를 하면 밥상 아래에서 수첩을 꺼내서 적고 있는 모습을 볼 수 있다.

둘째, 자연스런 유머를 구사하기 위해서는 연습해야 한다. 듣거나 기록한 유머들을 써 보지 않으면 아무 소용이 없는 건 당연한 일이지만, 재미있게 들었다고 하더라도 막상 자신이 해 보면 우습지 않거나 어디에 웃음 포인트를 줘야 할지 모르겠다는 점 등 몇 가지 문제점을 발견하게 된다. 가까운 사람 특히 나의 말을 늘 잘 들어주는 사람들에게 먼저 연습해서 유머가 자연스럽게 자신의 것이 되도록 연습해야 한다.

셋째, 때와 장소에 맞는 유머를 사용하는 통합적 감각을 발휘해야 한다는 점이다. 유머를 발휘하고 싶은 열정이 지나쳐서 남녀가 모인 장소에서 Y담을 한다거나 노인들이 있는 곳에서 늙음에 관한 유머를 한다면 치명적인 실수에 가깝다고 할 수 있다. 가능한 누군가를 폄하하는 유머나 노골적인 유머는 사용하지 않는 게 가장 좋지만, 때론 동성들만의 은근한 유머가 필요할 때가 있기도 하므로 상황에 맞게 쓸 수 있는 유머를 몇 가지 준비해 두는 게 좋다. 그리고 지금 상황에서 가장 어울릴 수 있는 유머를 찾는 건 모든 감각을 동원하여 듣는 사람을 살피고 배려함으로써 가능해진다.

넷째, 자기만의 창의성을 첨가해야 더 수준 높은 유머가 될 수 있다. 유머감각을 타고난 몇 사람을 제외하고는 유머를 창작하기란 어렵다. 누군가 한 이야기를 듣고 활용하기가 대부분인데, 이때 활용보다는 응용을 하는 것이 바람직하다. 즉, 자신에게 맞는 내용으로 약간의 각색을 거친다면 혹 이미 들은 내용이라고 웃지 않는 인색한 청중을 만나더라도 다른 웃음 포인트를 찾아낼 수 있을 것이다.

다섯째는 자신이 겪은 일에서 유머화할 수 있는 소재를 찾아보라는 것이다. 유머콘서트로 대중을 끌어 모으는 김제동의 유머는 대부분 자신의 경험을 희화한 것들이다. 예를 들면 자신이 처음 상경해서 잠자리가 없어서 신촌 모텔에서 투숙하던 때에 어느 날 주인이 오지 말라고 했다는 것이다. 그날이 바로 크리스마스 이브였더라는 이야기나 술(酒)과 신(主)의 공통점을 유머화한 주님 이야기는 자신의 일상에서 에피소드를 얻어서 유머로 승화했기 때문에 청중에게 편안하게 다가가는 힘이 생긴 것이다.

유머는 관계를 맺음에 있어서 중요한 윤활유 역할을 한다. 자신과 우리 자녀들이 유머 감각을 가지게 되는 시작이 오늘 실천하는 유머를 위한 노력에서 비롯될 수도 있음을 명심하자.

04

독서력
= 어휘력

고등학교 시절, 쓸데없이 또래보다 조숙해서 왜 사는지를 모르겠고, 친구들의 대화와 그들이 하는 모양새가 유치하다고 느꼈었다. 모든 것이 시큰둥한 탓에 열심히 공부를 하지 않은 나는 지방대학을 들어갔고, 그로부터 어쩌면 평생이라고 할 시간을 학벌 콤플렉스를 가지고 살았었다.

그런데 최근 몇 년 사이에 학벌이라는 후광으로 사람을 평가하던 기준이 점점 변화하고 있음을 스스로 느낀다. 아무리 근사한 곳에서 좋은 공부를 한 이력을 가지고 있더라도 그 시절에서 성장을 멈춘 사람을 보기도 하고, 반대로 좀 부족한 공부를 했음에도 꾸준히 자신을 성장시키고 있는 사람을 만나기도 한다. 그래서 보기 좋게 편견을 깨뜨려 주는 분들을 만날 수 있고, 후광으로 사람을 판단하지 않는 눈을 가져다주는 나이 듦이 감사하다.

끊임없이 자신을 가꾸며 성장시켜 온 사람의 말에서는 향기가 난다. 그가 사용하는 어휘와 문장에서, 담백하지만 적절한 표현을 찾아내는 일이 익숙하게 몸에 배어 있는 것을 발견할 수 있다. 또한 그가 펼치는 이야기의 소재들이 과거의 것에 고정되어 있지 않고, 현재의 문화나 감각을 받아들여서 유연함을 가지고 있는 점도 찾아볼 수 있다.

일흔이 넘은 연세에도 이런 모습을 가지고 있는 두 분을 기억하고 있다. 한 분은 한일 장신대 총장을 지내셨던 분이었는데, 해박한 지식과 은퇴 후 활동하고 있는 환경 관련 일에 대해 열정을 가지고 말씀하시는 모습에서 그때는 제법 젊고 열심히 살고 있다고 생각했던 나 자신이 부끄럽게 느껴지게 만들었던 분으로 한동안 큰 자극제 역할을 해 주었다. 또 한 분은 이웃에 사셨던 어른으로, 맞벌이하는 아들네 집에서 손녀들을 돌봐 주기 위해 함께 살고 계셨는데, 신문이나 책을 보고 있는 모습을 자주 보았다. 두 분의 공통점은 연세가 많아도 당당했고, 풍부한 표현력으로 이야기를 한다는 것이었다.

오늘 책을 한 줄 읽는다고 해서 생각이 변화하거나 읽은 책의 내용이 다 기억나는 건 분명 아니다. 그러나 꾸준히 책을 읽는 사람은 그 내용들이 어느 사이에 스며들어 자기도 모르게 고급스러운 단어를 쓰게 되고 적절한 표현을 하게 된다. 이것을 이희석은 그의 저서에서 '지식의 넓이'라고 불렀다. 우리가 읽고 잊어버리는 사이에도 두뇌 속에서의 지식의 넓이는 계속 커져 간다고 하였다. 재미있는 사실은 나이 들수록 책을 통한 단어나 지식을 누적시켜 온 사람과 그렇지 않은 사람의 격차가 더욱 벌어진다는 것이다.

젊은 시절보다 오히려 나이가 들면서 가치를 발하는 남자 배우들이 많지만 요즘 주목하게 되는 배우가 유해진이다. 배우같이 느껴지지 않는 평범해 보이는 외모에 자신을 도드라지게 한 것은 물론 연기력일 테지만, 가끔 연기가 아닌 자연스러운 모습의 유해진을 볼 기회가 있을 때 돋보이는 건 뚜렷한 가치관과 더불어서 그의 표현력이다. 말을 가볍게 던지고 농담을 하는 도중에도 예사롭지 않은 표현들이 귀에 들어올 때가 있다. 사생활을 잘 알지는 못하지만, 그가 굉장한 독서력을 지녔으리라 짐작한다.

준비된 발표나 말에서는 어쩌면 독서를 하는 사람이라는 표가 덜 날 수 있지만, 일상 속에서 같은 표현이지만 그 사람의 표현은 무언가 다르고 어휘도 훨씬 풍부하다고 느끼기가 쉽다. 그게 누적된 지식의 넓이가 가지는 힘인 듯하다.

스피치를 가르치다 보면 요즘 세대의 특징인 속도전이 습관이 되어 있는 사람들이라면 말을 잘할 수 있는 빠른 방법이 없느냐고 꼭 묻는다. 몇 주에 걸쳐서 기술적인 면을 지도해 줄 수는 있지만, 아쉽게도 진짜 감동을 주고 향기를 뿜는 말을 하기 위해서는 시간을 들여서 독서를 해야 한다고 생각한다. 자신에게 필요한 한두 권의 책을 읽어서 바로 활용하는 것도 도움이 되겠지만, 다양한 방면의 책을 꾸준히 읽고 있다면 의도하지 않더라도 반드시 밖으로 드러나게 된다. 어쩌면 자신도 모르게 너무 멋진 표현을 해놓고 스스로 깜짝 놀라는 일이 생길지도 모를 일이다.

05

거절의
기술

대부분의 사람들은 타인에게 좋은 사람으로 기억되고 싶어 한다. 그래서 분명 싫은 일인데도 싫다는 표현을 못하거나 할 수 없는 일인데도 거절을 하지 못한다. 그러나 이토록 남들에게 좋은 사람으로 기억되고 싶은 유혹을 물리치지 못하면, 자신을 비롯해서 자신과 가까운 사람들이 곤욕을 치르기가 쉽다. 좋은 얼굴을 해서 벌어진 일을 혼자 감당하지 못하여 누군가가 뒤처리를 맡게 되는 것이다.

좀 극단적인 예이지만, 친구의 빚 보증을 거절하지 못하여 아내나 자녀를 힘들게 하고, 부모 형제에게 피해를 주는 것도 결국 좋은 사람으로 보이고 싶다는 지나친 집착에서 나온 거라고 볼 수 있다. 보증을 서 달라고 부탁을 받을 때 처음엔 거절하지만 '당신이 그렇게 매몰찬 사람인 줄 몰랐다'는 식의 이야기를 하면 결국엔 수락하게 되는 것이다. 잠시의 착함을 버려야 모두가 살 수 있다는 것을 명심해야 한다.

거절은 말하기 중 가장 어려운 영역으로, 많은 연습이 필요한 부분이다. 거절을 잘하기 위해서는 부탁을 하는 종류를 분류할 수 있어야 한다. 우선 내가 할 수 없는 일이지만 누군가 대신하거나 크게 문제가 되지 않는 정도의 부탁이라면 할 수 없는 이유를 분명히 말해야 한다. 이때 주의할 점은 'NO'라는 대답을 직접 하지 않아야 하고, 목소리에 귀찮다거나 부탁을 받는 일이 언짢다는 기색을 담지 않도록 주의하여 일상적인 목소리 톤을 유지하며 말해야 한다는 점이다. 그래야 부탁한 사람이 민망하거나 맘을 상하지 않고 또 가벼운 맘으로 다른 곳에 부탁할 수 있다.

"주말에 우리 강아지에게 먹이를 줄 수 있을까요?"

"그건 좀 곤란한데……. 우리는 나들이를 갈 생각이거든요."

이런 대화쯤에 해당될 것이다. 만약 거절하는 게 두려워서 부탁을 받아들였다면, 가족 나들이를 망쳐 강아지 밥을 주는 내내 기분이 나쁠 것이고, 더 나아가 자기를 만만하게 생각해서라거나 상대방을 경우 없는 사람이라고 여기는 등 불편한 마음을 가지게 될 것이다. 이렇게 되면 오히려 상대와 좋지 않은 관계를 만드는 계기가 될 수도 있다.

두 번째는 상대가 호의를 가지고 한 일인데 받아들일 수 없는 상황일 때이다. 이때는 그 즉시 거절을 해서는 안 된다. 상대는 자신의 호의를 무시하는 일은 자신과의 관계를 중요하게 생각하지 않는다고 여기며 실망할 수 있기 때문이다.

예를 들면 모임에 초대를 하는데, 그곳에 모인 사람들이 편하지 않아서 참석하고 싶지 않다. 그렇다고 싫은 일을 마지못해 수락해서 저녁 내내 벌을 설 수는 없는 노릇이다. 이럴 때는 우선 기쁘게 받아들이고 그 초대에서의 즐거움을 맘껏 표현한 연후에 구체적인 상황을 점검하면서 다른 일정이 중복된다는 등의 방법을 선택하는 것이 바람직하다. 거절하는 타이밍은 그 자리에서 할 수도 있지만, 다시 전화를 해서 다른 일정을 체크하지 못했음을 충분히 사과하는 방법을 사용할 수도 있다.

마지막은 도저히 수용할 수 없는 곤란한 부탁을 받았을 때이다. 괜히 말을 돌려서 막연한 기대감을 가지거나 계속 매달리는 상황을 만들면 서로 곤란하고 오히려 더 실망하게 되므로 명확하게 거절해야 한다. 이때 이겨야 할 일은 거절의 습관이 안 되어 있는 자기 자신과의 싸움이다. 어차피 해야 할 거절이라면 변명을 장황하게 늘어놓지 말고 단호하고 당당하게 하는 게 좋다.

선교 단체에서 선교사들이 자신이 있는 지역에 오면 픽업을 해 주는 봉사를 하는 A가 있었는데, 장거리를 움직여야 할 때는 운전을 잘하는 B에게 가끔 부탁을 하곤 했었다. 어느 날 원거리를 이동해야 하는 선교사를 태우고 가는 중에 A는 선교사에게 언제든지 다시

오고 싶으면 숙소는 걱정하지 말고 오라고 했다고 한다. 얼마 후에 B는 A로부터 자신이 다른 일이 있어서 못하니까 선교사를 모시고 있어 달라는 연락을 받았는데, B는 자신이 약속한 일도 아닌 일을 책임질 수 없어서 거절했다고 한다. 결국 B는 선교사가 헛걸음만하고 돌아갔다는 걸 나중에 알고 미안함에 며칠 맘 고생을 했고 A를 이해할 수 없다고 했다.

A는 늘 거절을 못한다. 자신이 책임질 수 없는 상황이라면 처음부터 안 된다고 말을 했어야 하지만, 그렇게 하지 못해서 오히려 선교사를 더 힘들게 만들고 B에게는 자신을 이용만 한다는 인상을 심어 주었다. 이처럼 한번 거절하면 상대로부터 소외당 할 것 이라는 두려움이 있는 사람은 거절하지 못한다. 그러나 거절하지 못함으로 인해 더 큰 피해를 보는 일이 생기거나 누군가 대신 일을 처리해 주는 사람이 생기게 되어 있다. 이런 사람들은 누군가로부터 착하다는 얘길 듣고 또 다른 누군가로부터는 책임감이 없다는 극과 극의 평가를 받는다.

우리는 상대의 부탁을 받아들일 수 없을 때 기분 나쁘지 않게 당당하게 거절하는 마음의 훈련을 해야 한다.

06

좋은 말은
말이 짧다

오래전에 초등학생들이 가구와 가전을 구분하는 시험 문제에서 가구가 아닌 것을 고르라는 문항에 냉장고 대신 침대를 답으로 고른 경우가 대부분이어서 소란이 일어난 적이 있다. 바로 광고 속의 "침대는 가구가 아니라 과학이다"라는 말의 여파였다고 한다. 이것 말고도 CF속의 짧은 말들 중에는 유행을 넘어서 문화를 대변하는 역할을 하기도 했는데, "니들이 게 맛을 알아?"란 말은 세대 차이를 표현할 때 사용되었고, "사랑은 움직이는 거야."는 자유연애를 꿈꾸는 젊은이들 사이에서 쓰이곤 했다.

매년 연말에 한 해를 정리하는 행사로 워크숍을 진행하는 회사가 있는데, 그런 경우는 워크숍 후 저녁 식사가 간단한 송년회로 마무리된다. 식사 전 임원들이 건배 제의를 하고 술잔이 몇 번 오가게 되는데, 한번은 건배사를 하는 임원의 말씀이 너무 길어져서 두세 번 잔을 내려놓았다 들었다를 반복한 경험이 있다. 1년을 치하하는 말을 하여야 하니 길어지는 건 당연하겠지만, 문제는 시간이 길어질수록 딴생각이 들면서 귀를 기울이지 않는 바람에 무슨 말씀을 했는지 기억이 나지 않는다는 점이다. 이 일을 경험한 후부터 CEO스피치과정에는 한 시간 정도를 할애하여 건배 스피치를 꼭 다루려고 한다.

사람들의 뇌리에 강력하게 남는 말은 함축적이면서 짧은 경우가 대부분이다. CF를 만드는 사람들은 이러한 원리를 너무나 잘 알고 있어서 한 줄의 광고 문안을 만들기 위해 수십 시간의 고민을 하고 수십 장의 글을 줄여 나간다고 한다. 말로 흥하기도 하고 망하기도 한다는 정치인들 또한 짧은 한마디의 강력함을 잘 알고 있는 부류에 속한다. 박근혜 대통령의 "참 나쁜 대통령", "대전은요?"라는 짧은 한마디가 정치 판도를 바꾸어 놓을 만큼 강력함을 발휘했다는 것을 기억하는 사람도 많을 것이다.

오래전 일본 공항에서 보았던 "여자는 어딘가에 빨간색을 칠해야 마음이 놓인다."는 말은 내가 접한 화장품 광고 중 가장 오래 기억되는 말이고, 삼성은 "아내와 자식 빼고는 다 바꾸라."는 이건희 회장의 말 덕분에 지금까지도 혁신이라는 이미지를 간직하고 있다.

말은 짧을수록 강력한 힘을 발휘하고 오랫동안 기억에 남는다. 그러나 환상적인 한 줄은 그냥 나오는 게 아니기 때문에 항상 고민해야 한다.

책을 쓰고 있는 김해원 작가는 "좋은 책을 만드는 비법은 필요 없는 부분을 얼마나 많이 털어내는지에 의해 결정된다."고 말한다. 말도 마찬가지로 쓸데없는 사족들을 줄이고 적절한 부분만 남겨서 간결하게 말할 수 있는 사람이 말을 잘한다는 칭찬을 들을 수 있다.

글과 달라서 쓴 후에 줄일 수 있는 일이 불가능한 말하기는 그때그때 장황하지 않고 간결하게 이야기하면서 표현하는 일을 훈련해야만 가능하다. 생각나는 대로 이야기하는 것이 아니라 적절하게 표현되는지, 장황하지 않고 간결하게 말하는 방법이 없는지를 늘 고민하고 있어야 실전에서도 그런 모습이 나오게 된다.

대중은 복잡한 메시지를 좋아하지 않는다. 이 때문에 좋은 소통을 위해서는 간결한 메시지를 보낼 수 있어야 한다. 여러 가지 메시지가 복잡하게 혼재되어 있는 것에 일일이 관심을 가질 만큼 한가하지도 않고 마음의 여유도 없다. 따라서 전달하고자 하는 메시지가 길면 상대와의 마음의 거리도 멀어진다는 것을 명심해야 한다. 전달하고자 하는 주된 메시지나 말이 잘 드러날 수 있도록 다른 부수적인 이야기나 꾸밈 말들을 줄이는 것이 간단한 표현들을 쓸 때 훨씬 집중도 하기 쉽고 기억하기에도 좋다.

어린아이들에게 한 번에 여러 가지 심부름을 시키면 짜증을 내거나 제대로 된 심부름을 하지 못하는데, 집중할 수 있는 한계치를 넘어가면 아무것도 기억하고 싶지 않은 마음이 생겨서 결국 한 가지도 제대로 할 수 없게 되기 때문이다. 아무리 뛰어난 골키퍼라도 동시에 두세 개의 공이 날아오면 정신이 분산되어 하나도 잡아낼 수 없는 것과 같다.

자신의 이야기를 강력하게 부각시키기 위해 간결한 말을 하려면 절제심이 필요하다. 많은 이야기를 늘어놓고 싶은 충동을 자제해야 하기 때문이다. 강의를 할 때도 정해진 시간 내에 어떤 이야기를 어느 정도할 것인지, 그리고 언제 마무리를 할 것인지를 머릿속으로 대략 정해 놓는다. 그런데 가끔 어떤 부분에서 청중의 반응이 너무 좋다고 느껴지면 장황하게 늘여서 이야기를 하게 되어 마무리를 급하게 하는 때가 있는데, 그럴 때면 강의를 마친 후에 절제심이 부족했음을 반성하곤 한다. 가능한 한 문장에 한 가지 핵심을 넣고 문장은 한 줄로 이루어지는 것이 좋다. 사람의 뇌리에 강력하게 남아 있는 문장은 한 줄로 되어 있기 때문이다.

요즘 청년들이 어려운 시절을 살고 있다. 치열한 취업 전쟁에서 살아남기 위해 상상을 초월하는 커리어들을 쌓는다. 그러나 때론 너무나 다양한 커리어들로 인해 자신을 소개하는 일이 장황해지고, 어떤 사람이라고 말하고 싶은지를 알 수 없는 경우가 있다. 상대의 머릿속에 남을 수 있는 자기소개도 길고 장황해서는 안 된다. 군더더기는 버리고 확실한 것에 집중하여 자신을 어필할 수 있는 문장을 만들어야 한다. 자신을 왜 뽑아야 하는지 한 줄로 설득할 수 있다면 가장 강렬한 한 사람으로 기억에 남을 것이다.

말을 잘하는 사람은 길고 장황하게 설명하는 사람이 아니라 짧은 문장 속에 핵심을 이야기하는 사람이라는 것을 잊지 말자.

07

숙이면
숙성된다

성숙한 사람이 되기 위해서는 숙성된 삶을 살아야 한다. 즉, 생각이 영글고 철이 있는 행동을 하는 사람이 성숙하고 숙성된 사람이다. 빈티지의 품격 있고 격조 있는 삶을 사는 사람이나 생각이 깊고 말과 행동이 일치되는 사람이 숙성된 삶을 사는 사람이다. 그런 사람의 곁에는 항상 사람이 많다. 덕이 있는 사람이라고 할까? 〈논어〉에 덕이 있는 사람은 반드시 따르는 사람이 있으니 항상 외롭지 않다는 의미의 '덕불고 필유린(德不孤必有隣)'이라는 말이 있다. 바로 그러한 덕이 있는 사람이 되어야 한다.

성숙하고 숙성된 삶은 모든 사람의 마음을 무장해제 시킨다. 미움을 녹이고 사람의 마음에 평화를 주는 사람이 바로 그러한 사람이다. 그래서 덕이 있는 사람의 곁에 사람이 몰리는 것이다. 그런 사람들은 어디를 가든 다른 사람에게 인정을 받는다. 은은한 사람의 향기가 나고 다정다감한 정을 느낄 수 있는 사람에게서는 다른 사람에게서 느낄 수 없는 기품(氣品)을 느낄 수 있다. 그런 사람들의 공통점은 남을 자기보다 항상 높이 세운다는 점이다. 〈논어〉에서 공자는 자신이 높이 오르기 위해서는 남을 높이 오르게 해야 한다고 말한다. 또, '불환인지불기지 환부지인야 (不患人之不己知 患不知人也)', 즉 남이 나를 알아주지 않는 것을 걱정하지 말고 내가 남을 몰라보는 것을 걱정하라고 말한다.

남을 먼저 생각하고 배려하는 사람이 숙성된 사람이다. 그렇지 않고 자기만 알고 자기만 생각하는 사람은 미성숙한 사람이다. 무릇 타인과 관계를 맺기 위해서는 마음의 눈이 밖을 향해 있어야 한다. 자기만 생각하는 것이 아니라 남을 생각할 줄 아는 사람이 숙성되고 성숙한 사람이다.

그런 사람들이 다른 사람과 특별히 다른 점이 있다면 겸손하다는 것이다. 스스로 자신을 낮추고 비우는 겸허한 태도로 남을 존중하고 자기를 내세우지 않는 겸손함을 지녔다. 남의 위에 서려 하거나 남보다 잘났다고 거만하게 굴지 않으며, 자신이 강한 힘을 가지고 있어도 결코 힘이 있음을 내보이지 않는다. 바로 그런 사람이 자신을 낮추는 사람이다. 물이 낮은 곳으로 흐르듯 자신을 낮추는 사람에게는 사람이 몰리게 마련이다. 혹자는 겸손은 '강한 자가 누리는 사치'라고 하는데, 그런 위선되고 가증스러운 겸손이 아니라 진정으로 타인을 위하고 진심을 다해 타인을 배려하는 마음으로 자신을 낮추는 겸손이어야 한다.

자신을 낮춘다는 것은 달리 말해서 자신의 이익을 추구하기보다 상대방의 이익을 추구하는 데 더 많은 관심을 기울인다는 말이기도 하다. 상대방이 유리한 고지를 선점하도록 지원하고, 상대방이 정상에 오를 수 있도록 도움을 주며, 상대방이 좋은 감정 상태에 머물도록 기쁨을 준다. 또, 모든 생각과 행동의 중심에 상대방을 둔다. 그러기에 타인을 이해하고 공감하려는 그 사람의 주위에는 항상 사람들이 많이 모인다.

자신을 숙이면 상호 관계가 와인이 숙성되든 듯 관계가 숙성되고, 자신을 낮추면 낮출수록 관계가 점점 나아진다는 점을 명심해야 한다.

08

기억은 길게,
망각은 짧게

사람들과 좋은 관계를 유지하기 위해서는 망각해야 하는 것은 빨리 잊어버리고 기억해야 하는 것은 아주 세밀하게 기억해야 한다. 일반적으로 사람은 에빙하우스의 망각 이론에 나타난 바와 같이, 시간이 지나면 기억한 것을 잊는 경향이 있다. 어떻게 보면 기억하는 능력보다 망각하는 능력이 더 뛰어나다는 생각을 해 본다. 아니, 어쩌면 일상 생활 속에서 기억을 해야 하는 것보다는 그냥 잊어야 하는 일들이 많은지도 모른다. 한평생 살아가면서 복잡하게 모든 것을 기억하지 말아야 한다는 조물주의 배려는 아닐까.

사람과 사람 간의 관계에서도 그러하다. 가능한 잊으려고 하는 것이 좋은 관계를 형성하는 데 좋다. 특히 서로 다투고 신경질을 부렸던 좋지 않은 기억은 가능한 빨리 잊어버리는 것이 좋다. 또 약속시간이나 상대방의 생일, 기념일 등 기억해야 하는 것들은 가능한 잊지 않는 것이 좋다. 이처럼 관계를 형성함에 있어서 기억해야 하는 것을 가능한 많이 만들고 망각해야 하는 것을 가능한 줄여 가는 관계가 가장 이상적인 관계다. 즉, 좋은 추억을 가능한 많이 쌓고 가능한 서로에게 좋지 않은 감정을 갖게 하는 나쁜 일들은 가능한 줄여 가는 것이 좋은 인간 대인관계를 유지하는 비결이다.

여기서 말하는 망각은 잊혀졌다가 가끔씩 생각나는 기억이 아니라, 기억을 하려고 해도 생각이 나지 않는 기억이 잊힌 상태를 의미한다. 일반적으로 처음에 기억된 것이 기억에서 한꺼번에 사라지는 것이 아니라, 시간이 경과함에 따라 완만하게 기억의 정도가 떨어진다. 즉, 시간이 지나면 지날수록 좋은 기억이든 좋지 않은 기억이든 사라진다는 것이다.

여기서 좋은 관계를 형성하기 위해서는 가능한 좋은 기억들이 시간이 지나면 지날수록 더욱 선명하게 기억되고, 나쁜 기억들은 가능한 시간이 지나면 지날수록 기억에서 멀어지도록 하는 노력이 필요하다. 그냥 주어진 대로 그냥 정해진 대로 가만히 있지 말고, 나름대로 정성을 다하고 신경을 써야 한다는 것이다. 무관심과 무감각한 상태에서 좋은 기억이 오래가고 나쁜 기억이 빨리 사라지는 것은 아니라는 의미다. 그러므로 가능한 좋은 기억들과 기억해야 하는 것들은 계속 반복해서 그것이 드러나도록 해야 한다. 'Out of sight, out of mind'라는 말이 있듯이 눈에서 멀어지면 마음에서 멀어지는 것처럼 자주 반복하지 않으면 금세 기억에서 사라지기 때문이다.

아울러 서로의 관계에 좋지 않는 영향을 주는 것은 가능한 잊기 위해 노력을 해야 한다. 그러기 위해서는 가능한 좋지 않는 기억이 떠오르게 하는 말을 하지 않는 것이 좋다. 또 좋은 일만 언급해야 한다. 그래서 생각의 점유율 면에서 좋지 않는 기억이 차지하는 점유율보다 좋은 기억이 차지하는 점유율이 많아지도록 해야 한다. 서로 함께하는 시간에 가능한 지난 날의 좋은 추억을 이야기하고, 가능한 희망찬 미래를 이야기하는 것이 좋다. 또 부정보다는 긍정을 많이 이야기하고, 서로에게 서운했던 기억보다는 서로에게 감사했던 이야기를 많이 해야 한다.

좋은 말을 하면 좋은 일이 생기는 것과 같이, 좋은 느낌을 주는 기억을 많이 이야기하면 좋은 행동을 하게 되고 그로 인해서 더욱 좋은 관계가 형성된다는 점을 기억하길 바란다.

09

사람이
전부다

　'일근천하무난사(一勤天下無難事)'라는 말이 있다. 이 말은 부지런함에는 천하에 적이 없다는 말이다. 다시 말해서, 부지런하면 그 어떤 어려움도 능히 극복할 수 있다는 말로 해석할 수 있다. 부지런하다는 것은 성공하는 사람을 칭하는 대표 아이콘이다. 〈명심보감(明心寶鑑)〉에서도 '부지런함은 값 없는 보배'라고 말한다.

　'근위무가지보(勤爲無價之寶)'라는 말이 있듯 부지런하다는 것은 값으로 따질 수 없는 보물과도 같다. 또 부지런한 습관을 갖고 있다는 것은 이미 성공을 확보한 것이라고 볼 수 있다.

　성공의 아이콘으로 불리는 이 부지런함이 사람과 사람 간의 관계에 있어서도 큰 효과를 발휘한다. 즉, 부지런한 사람이 더 많은 사람과 양질(良質)의 좋은 관계를 형성한다는 것이다. 게으른 사람의 주변 사람보다 부지런한 사람의 주변인들이 더 부지런해 보인다. 근묵자흑(近墨者黑)이기 때문이다. 결과적으로 부지런한 사람 주변에는 부지런한 사람이 있기에 그 사람으로 인해 다른 부지런한 사람을 만나게 된다.

부지런한 사람은 게으른 사람에 비해 관계 맺음의 속도 면에서 매우 유리하다. 부지런하면 더 많은 사람을 사귈 수 있다는 것이다. 또 부지런하면 상대방에게 생동감 넘치는 좋은 이미지를 풍긴다는 점에서 매우 유리하다. 관계에 있어서 부지런한 사람은 뭔가 모르게 청결한 이미지를 주기도 한다. 외모가 생동감 넘치고 깔끔한 사람들이 대부분 부지런하기 때문이다. 털털하고 수더분한 측면도 있다. 하지만 게으른 사람에게서 풍기는 구린내는 나지 않는다. 또 항상 활력이 넘쳐 보인다. 그런 사람들이 다른 사람에게 호감을 준다는 점을 알아야 한다.

'일찍 일어나는 새가 먹이를 잡는다'는 말이 있듯 부지런하다는 것은 자신이 원하는 것을 얻는 데 도움을 주기도 한다. 그래서 나는 부지런하다는 것은 부(富)를 확보하기 위한 원동력이라고 말한다. 단순히 유형(有形)의 물질적인 부에 한정하지 않고 무형(無形)의 부를 얻을 수 있다는 점이다. 대부분 주변에 많은 사람과 관계를 맺고 있는 사람들의 공통점은 바로 부지런하다는 것이다. 단 한 번의 만남도 소중한 인연으로 연계시키기 위해 수차례 연락을 하고, 상대방을 알기 위해 많은 공부를 게을리하지 않는다.

인맥 관리를 잘하는 사람들이 주로 많이 하는 말이 바로 '어장관리(실제로 사귀지는 않지만 마치 사귈 것처럼 친한 척하면서 자신의 주변 이성들을 동시에 관리하는 태도, 행태를 의미하는 신종 연애용어)'다. 어부가 고기를 잘 기르기 위해서 어장을 관리하듯 인맥(人脈)을 관리하는 것이다. 전화번호, 생일, 각종 대소사에 대해서 기억하고 주기적으로 안부 연락을 하는 등 쉼 없이 관계의 끈을 계속 이어 가는 부지런한 노력이 있기에 관계가 유지되는 것이 아닌가?

가뭄에 콩 나듯 가끔 한번씩 연락하고 자신이 아쉬울 때만 연락하는 사람이 아니라, 이해득실 여부에 상관없이 평상시에 자주자주 연락한다. 또 필요한 경우 만사를 젖혀 두고 상대방을 위해 헌신하고 희생하는 사람도 있다. 그런 부지런함이 있기에 그 사람의 주변에 사람이 몰리는 것이다.

앞서 성공하는 사람이 일에 대해 부지런함으로 성공했다면, 이처럼 인맥을 관리하는 데 있어서 부지런한 사람은 사람과 사람 간의 관계로 성공한다는 점을 알아야 한다. 일로 성공하는 사람과 인맥으로 성공하는 사람 중 어떤 사람이 오래도록 성공을 유지할 수 있을지는 상황에 따라 다르다. 하지만 대부분 많은 성공한 사람들이 성공 요인의 60퍼센트 이상을 인맥에 있다고 말하는 것을 보면, 인맥관리가 성공관리인 것만은 확실하다.

부지런함을 어디에 활용하는가에 따라 그 부지런함을 향한 분야가 성공으로 연계되는 것은 당연하다. 일에 활용하면 하면 일에서 성공을 얻을 수 있고, 사람에 활용하면 사람 간의 관계에서 성공을 얻을 수 있다. 그 부지런함을 일에 활용할 것인지, 아니면 사람을 사귀는 데 활용할 것인지는 자신이 선택해야 한다. 일이 힘들다면 일에 전념해야 하고, 사람으로 인해 갈등을 빚고 있다면 사람에 투자해야 한다.

중요한 것은 일이 술술 풀려도 사람 관계가 풀리지 않으면 결국 일이 어렵게 된다는 점이다. 그런 측면에서 볼 때 이 할의 부지런함은 일에 투여하고, 그 일을 돌리는 것은 결국 사람이라는 점을 감안하여 팔 할은 사람에게 투여하는 것이 바람직하지 않을까?

10

의식을 행하면서
의식하라

사람과 관계를 맺기 위해서는 무의식적으로 상대방을 대하기보다는 상대방을 의식을 하면서 대해야 한다. 변화관리에서 제일 중요한 것은 늘 깨어 있어야 한다는 것이다. 언제 닥쳐올지 모르는 위기에 대처하여 이를 슬기롭게 극복하기 위해서는 늘 깨어 있어야 한다는 것이다. 즉, 의식을 하고 있어야 미처 손을 쓸 수 없는 무방비 상태에서 위기에 휩쓸릴 수밖에 없는 상황을 미연에 방지할 수 있다는 말이다.

마찬가지로 사람과 관계를 하기 위해도 의식을 하고 있어야 한다. 상대방이 어떤 생각을 가지고 있으며 어떤 감정상태에 있고, 무엇을 원하고 무엇을 싫어하는지에 대해서 생각의 생각을 거듭하는 것이 바로 의식을 하고 있음을 의미한다. 그렇지 않고 아무 생각 없이 매일 하던 대로 하거나 상대방의 입장은 전혀 고려하지 않고 자신이 하고 싶은 것만을 하는 것은 바로 무의식적으로 행동을 하는 것이나 다름없다. 그렇게 되면 자신의 입장과 상대방 입장 사이의 격차만큼 갈등이 생기게 되고, 둘 사이에 관계의 골이 깊어질 수밖에 없다. 그렇기에 상대방을 인식하면서 상대방을 대해야 한다는 것이다.

일반적으로 의식은 깨어 있는 상태 혹은 인식하는 상태를 의미한다. 즉, 상대방의 일거수일투족에 관심을 가지고 표면적으로 보이는 것이 아닌 내면에 숨겨져 있는 진의를 보려고 하는 마음이 바로 의식을 잘하고 있는 상태다. 아울러 자신이 상대방에게 행한 언행으로 인해서 상대방이 어떤 반응을 보이는가를 유심히 관찰하고, 그러한 반응을 보이는 이유는 무엇이고 또 목적은 무엇인가를 생각하는 것을 의미한다.

그렇다고 해서 상대방에 대해서 과학적인 현상을 분석하듯 분석해야 한다는 것은 아니다. 그만큼 상대방에 대해서 관심을 가지고 상대방의 진면목을 알기 위해서 역지사지의 마음으로 상대방의 관점에서 상대방을 바라봐야 한다는 것이다. 상대방의 입장에서 상대방이 원하는 것을 찾아서 해 줌으로써 상대에게 호감을 받는 사람으로 거듭나게 될 뿐만 아니라 상대방과 좋은 관계를 형성할 수 있다.

사실 의식을 한다는 것은 상대방에 대한 관심을 표명한 것이라고 볼 수 있다. 미워하고 시기하고 질투하는 것보다 더욱 상대방의 마음을 아프게 하는 것은 바로 무관심이다. 아무런 관심을 보이지 않는 것이 바로 상대방의 마음을 가장 아프게 하는 것이다. 시기하고 질투하고 미워하는 것도 상대방에 대한 일련의 관심일 수 있다. 그러한 감정적인 것들은 상황이 변하면 질투와 미워하는 마음이 서로 좋아하는 마음으로 변화할 수도 있다는 점을 알아야 한다.

아울러 의식(意識)을 했다면 그러한 의식을 지속적으로 반복할 수 있도록 특별한 의식(儀式)을 거행하는 것이 좋다. 앞서 말한 대로 의식이 깨어 있고 인식하는 상태를 의미한다면, 여기서 말하는 의식(儀式)은 행사를 치르는 일정한 절차와 방식을 의미한다. 즉, 의식하는 것을 계속적으로 유지하기 위해서는 그러한 의식이 기억에서 사라지지 않도록 자기만의 특별한 의식을 정하여 거행해야 한다.

매일 그러한 의식을 행하면 좋겠지만, 여건이 허락되지 않는다면 최소한 일주일에 한두 번은 특별한 시간과 장소를 정해서 의식을 다시금 인식에 새기는 특별한 의식을 갖는 것이 좋다. 그렇다고 해서 거창하고 웅대하게 의식을 치르라는 것이 아니다. 또 긴 시간 동안 해야 한다는 것도 아니다. 순간적으로 상대방과 잘 지내겠다는 결심과 상대방에 대한 입장과 자기 입장 차이를 생각하고 정리하는 것도 의식에 해당하고, 상대방이 잘되기를 바라는 간절한 기도의 순간도 바로 상대방과 잘 지내겠다는 특별한 의식이기도 하다.

시간과 장소에 구애받지 않고 언제 어디서든 상대방이 생각나면 상대방이 진정으로 행복한 생활을 하고 건승하며 자신과 좋은 관계를 유지했으면 좋겠다고 짧게 순간적으로 기도하는 것 자체도 특별한 의식에 포함된다고 할 수 있다. 매일 아침 안부를 묻거나 매일 출퇴근 시에 서로의 안부를 묻는 것도 관계를 지속하기 위한 의식에 해당한다고 볼 수 있다. 또 생일 등 특별한 기념일에 서로의 관계를 확인하고 더 좋은 관계를 형성하기 위한 특별한 데이트를 하거나 파티를 여는 것도 좋다.

이와 같은 의식은 과거와 현재와 미래가 함께하는 생각의 장이기도 하다. 과거는 어떤 추억을 가지고 있으며 현재는 어떤 상태에서 관계를 맺고 있고 또 미래에는 어떤 마음으로 서로가 좋은 관계를 형성해야 한다는 정도의 생각을 정리하는 기회로 활용하는 것이 좋다.

우리가 연말연시에 망년회나 송년회를 하는 것은 한 해를 알차게 마무리하고 희망찬 새해를 열어 가기 위해서다. 바로 일상적인 생활에서 특별한 날을 기념하면서 특별한 시간을 보내고자 하는 것이다. 마찬가지로 상대방과 좋은 관계를 형성하기 위해서도 그러한 의식이 필요하다는 것이다. 그렇지 않으면 관행대로 혹은 그간에 해왔던 습관대로 아무 생각 없이 서로가 무의식적으로 대하는 관계가 되고, 그러다 보면 어느 순간 아무 의미 없는 관계로 변질될 수 있다는 점을 알아야 한다.

이에 더하여 더욱 중요한 것은 서로가 함께 그러한 의식을 의식하는 기회를 갖는 것이다. 약혼식과 결혼식은 혼자서는 할 수 없다. 함께해야 한다. 또 사람 간의 관계에서 어느 한 사람만이 희생을 강요하는 관계는 오래가지 못한다. 그러므로 함께 의식을 행해야 한다는 것이다.

어느 한쪽에서 일방적으로 의식을 하고 집착하는 것은 스토커나 사이코패스로 오해할 수 있고, 경우에 따라서는 상대방이 원하지 않는 과한 관심을 표명함으로써 오히려 관계의 질을 더욱 좋게 하자고 했던 의식이 관계를 더욱 악화시키는 결과로 나타날 수도 있다는 점을 명심하기 바란다.

Chapter
05

신뢰하는 마음으로

서로가 부족한 점에 치중하다 보면 의기소침해지는
경우가 생길 수 있으므로 서로 잘하는 것에 치중할
수 있도록 서로가 서로의 든든한 지원군이자 후원자
가 되어야 한다.

01

말의 품격을
올려라

　나는 다른 소지하는 물건들에 비해 유독 옷 욕심이 많은 것 같다. 명품가방이나 보석들에 대해서는 관심이 많지 않은 반면, 그해에 유행하는 옷은 꼭 입어 보고 싶어 하는 편이다. 그나마 다행히 변별력은 있어서 나의 체형과 외모에 어울리지 않는 것은 걸러낼 수 있어서 늘 정장을 주류로 고르니, 탱크 탑이나 끈 없는 원피스를 입고 나타나는 일은 만들지 않을 것 같아서 다행이다. 지금도 올 여름이 가기 전에 레이스 플레어스커트를 입고 싶어서 본격 다이어트를 해야 하나 고민하고 있다.

　그런데 취향은 늘 비슷하지만 나이가 들면서 변화하는 것이 있다. 바로 타인을 의식해서나 누군가에게 보여 주기 위해서 옷을 선택하는 것이 아니라 자신을 위해 선택하는 경향이 강해진다는 것이다. 스스로의 마음을 다지기 위해 정비를 하고, 스스로의 품격을 위해 갖춰 입는 일이 많아진다는 의미다. 사람은 환경의 영향을 아주 많이 받는다는 것을 알기에 스스로 흐트러뜨리지 않는 마음을 몸가짐으로 컨트롤하려는 경향이 더 강해진다.

그날, 바지를 입었는지 치마를 입었는지에 따라, 또는 정장을 입었는지 청바지를 입었는지에 따라 우리의 마음가짐과 행동거지는 확연히 달라진다. 말끔하던 남자들도 예비군복만 입으면 거친 욕을 하고, 아무데나 담배꽁초를 버리고, 지나가는 여자들에게 휘파람을 불어대는 모습으로 바뀐다는 인터넷 뉴스를 접한 적이 있다. 옷차림에 따라서도 이렇게까지 사람이 바뀌는데, 그 사람이 사용하는 언어는 얼마나 많은 영향을 주는지는 여러 말로 설명할 필요도 없을 것이다. 말을 보면 그 사람의 생각과 품격을 알 수 있다. 그 사람이 쓰는 어휘에 따라 품격의 등급까지도 매길 수 있다고 말하는 사람도 있다.

'말은 어눌하게, 행동은 민첩하게 하라'는 뜻의 '눌언민행(訥言敏行)'이라는 말이 있기는 하지만 그건 굉장한 경지에 달한 사람들에게서나 볼 수 있는 일이고, 실제 생활에서는 말의 모습을 보면 그 사람의 성품까지도 짐작할 수 있는 경우가 많다. 그래서 인격과 더불어 '언격(言格)'이라는 말이 새롭게 주목받고 있는 것 같다. 사람들을 만나면서 젊은 시절 얼마나 공부를 했는지가 말의 품격과는 무관하다는 것을 느낄 때가 많다. 배움이 많아도 팍팍하고 거친 생각을 하는 사람은 말에서 고스란히 드러나게 되고 꾸준히 자신을 갈고 닦아 온 사람들은 더욱 결 고운 말들을 사용하는 모습을 접하곤 한다.

나이가 들면서 그 사람이 가진 스펙보다는 향기를 발견하는 눈이 생기고, 이야기가 통하는 사람하고는 선입견 없이 친구가 될 수 있다는 점이 참 좋다. 내가 친구가 되고 싶은 사람은 말의 품격을 갖춘 사람이다. 사람의 말은 타인이 듣는 것 같지만 사실은 가장 먼저 듣는 사람은 바로 자신이다. 늘 거친 말을 듣고 있는 사람이 거칠어지지 않는다는 건 거의 불가능한 일이다.

그런데 요즘의 말들은 더욱 세고 강하게 표현하는 경쟁을 하기 위해 변화하고 있다. 내가 가장 싫어하는 말 중에 하나는 '대박'이란 말이다. 놀라거나 대단하거나 좋거나 모두 '대박'이라는 한 단어로 표현한다. 심지어는 언어의 바로미터라 할 수 있는 아나운서들까지도 이런 표현을 서슴없이 한다. 표현에 대해 고민할 필요도 없고 감정이 잘 전달된다고 생각하는 것이겠지만, 그런 말을 듣고 나면 그 사람이 이상하리만큼 저급하게 느껴진다. 좋은 말들을 배우고 사용하려는 생각을 하지 않으면 언어는 발전할 수가 없다. 아무리 말을 잘하도록 태어난 사람이라도 언어의 깊이가 없다면 잠시만 대화를 나누어 보아도 자신의 수준이 드러나게 마련이다.

말을 잘한다는 것과 언어의 품격을 갖추었다는 것은 확실히 다른 개념이다. 얼마 전 TV를 켜고 갑자기 중간부터 보게 된 어떤 프로그램에서 진행자가 계속 '경단녀'라는 말을 사용했다. 무슨 뜻인지 궁금해서 계속 시청을 하게 되었고, 결국 분위기를 보고 '경력 단절 여성'이란 말의 줄임 말이란 짐작을 하게 되었다. 이젠 아나운서들까지도 속어와 단축어를 쓰게 되었다. 그 어렵다는 언론사 합격을 한 아나운서라면서 저런 말을 쓰냐며 부정적으로 반응을 하게 된다. 물론 단축어를 사용하는 것은 요즘의 시류이기도 해서 친근하게 비추어질 수도 있지만, 공중파 방송의 아나운서라면 보편적이고 바른 언어를 사용하는 책임감이 있어야 할 것 같다.

또 요즘은 노이즈 마케팅을 위해서 막말을 쓰는 정치인들을 비롯한 유명인들이 많다. 국민을 대표한다는 국회의원들이 길바닥에서 싸울 때나 쓸 것 같은 말을 사용해서 눈살을 찌푸리게 하는 경우가 있는데 그 말의 공격대상이 상대의 당(黨)일 때는 은근히 묵인하고 심지어는 '최전방 공격수'라는 닉네임을 부여하기도 한다. 그러다 결국 막말이 자기 자신들에게 돌아오게 되는 경우가 종종 발생하는데, 이런 경우 남에게 하는 말은 눈감았던 사람들도 발끈해서 그냥 넘어가지 않는다. 그러나 이런 일은 예견될 수밖에 없는 것인데 늘 강하고 독한 말을 쓰는 사람은 그런 말에 중독되어서 자신도 모르게 점점 강한 말을 찾게 되고 어느 장소에서든지 강한 말을 통해 자신을 드러내고 싶어 하기 때문이다.

윈스턴 처칠은 정치적 리더십은 물론이거니와 공격하는 상대에게 천박하지 않게 응수하는, 유머를 겸비한 스피치로도 유명해서 다양한 일화들을 남겼다. 처음 하원의원 후보로 출마했을 때, 상대 후보는 인신공격을 마다하지 않았는데 처칠을 향해 '늦잠꾸러기'라며 이런 게으른 사람을 국회로 보내겠느냐고 공격을 해왔다. 이에 처칠은 "여러분도 나처럼 예쁜 마누라를 데리고 산다면 아침에 결코 일찍 일어날 수 없을 것입니다."라고 응수해서 연설장을 웃음바다로 만들었다.

또 영국의 첫 여성 의원이 된 에스터 부인은 여성 참정권을 반대한 처칠의 최대 정적이 되었는데, 그녀는 처칠을 향해 "내가 만약 당신의 아내라면 서슴지 않고 당신이 마실 커피에 독을 타겠어요."라고 말했다. 이에 처칠은 태연히 " 내가 만약 당신 남편이라면 서슴지 않고 그 커피를 마시겠소."라고 대답했다고 한다. 경박하거나 독한 말을 사용하지 않고도 얼마든지 공격하는 상대의 말문을 막고 자신에게로 분위기를 반전시키는 좋은 사례일 것이다.

사람을 공격하는 말을 하는 사람의 얼굴은 온화함이 없고 늘 짜증스러움과 예민함이 서려 있다. 그런 얼굴을 보고 있노라면 '어쩌면 상대를 공격하기 위해 사용하는 막말이 자신을 먼저 공격하는 게 아닐까?'라는 생각이 든다.

품격 있는 말은 자신을 품격 있는 사람으로 만들기 위한 가장 좋은 방법이다.

02

직접
하라

모든 엄마들의 로망 중 하나는 딸과의 여행이다. 딸과의 제주도 여행을 계획하면서 힐링 하고 오자고, 서두르지 말고 편안하게 다니고 거창한 것보다는 소소하게 소문난 것들을 먹고 오자는 계획을 세웠다. 블로그로 정보를 소통하는 젊은이들의 문화가 있어서 소소한 가게들의 소박한 음식들도 찾아다닐 수 있었다.

가끔은 소문보다 맛이 없는 음식을 만나기도 하지만 대체로 만족하면서 먹거리를 찾아다니는데, 다시 가서 먹고 싶은 생각을 하게 만든 곳이 모두 아이스크림 가게였다. 그곳의 특산물들을 이용해서 만든 아이스크림이었는데, 재미있는 건 두 곳의 주인들 모두 본인이 오랜 연구 끝에 직접 만들었다는 점이다. 가게에 오는 사람들이 맛있냐고 물어보면, '그렇다' 혹은 '아니다'라는 말 대신 자신이 직접 만들었다는 이야기를 하는 것이다. 그러면 손님은 두말없이 줄 뒤로 가서 자신의 차례를 기다린다.

대화로만 보면 분명 동문서답을 하고 있는데, 손님들은 자석에 끌리듯 그 자리에 서서 제법 긴 줄 앞에 서고 만다. 그런데 음식점 앞에서 줄서기를 싫어하는 나 또한 그렇게 줄을 서게 되었다. 말속에서 주인이 가진 자신감을 읽게 되고, 맛이 있을 거란 신뢰를 하게 되기 때문일 것이다. 사람을 설득하는 일에 긴 말이 필요한 게 아니라는 걸 다시금 확인하는 순간이었다.

우리는 하루 중에도 누군가를 설득하는 상황에 놓일 때가 많다. 이익이 개입되지 않는 가족이나 개인적인 관계에서부터 설득의 성공 여부에 따라 성과가 드러나는 비즈니스나 마케팅 관련까지, 결국은 모든 것이 설득의 상황이라고 볼 수 있다. 내가 하는 설득이 늘 성공하면 좋겠지만 그렇지 않은 경우도 많다. 그래서 두 아이스크림 가게의 주인들의 자세를 눈여겨보게 된다.

주인들의 목소리에서 묻어나는 최상의 매력은 자기가 만든 물건에 대한 자부심과 자신감이다. 아마도 자신들이 오랜 시간 고민하고 연구한 결과로 만든 것이 아니면 절대 뿜어내지 못하는 느낌이다. 그리고 두 주인에게서 발견할 수 있는 몇 가지 외형적인 모습도 있다. 우선 목소리가 일반인들보다는 톤이 높고 힘이 있다는 것이다. 소리를 지를 정도의 톤은 아니지만, 자신감 때문인지 보통 목소리보다는 높은 톤을 유지하며 이야기를 하고 있었다.

두 번째는 절대 급하게 서두르며 이야기하지 않는다는 것이다. 손님이 기다리고 빨리빨리 서둘러야 할 상황으로 보이는데도 자신들의 제품에 관한 이야기를 할 때는 천천히 또박또박 힘주어 말하고 있었다. 마치 이 제품에 대해서는 내가 가장 잘 알고 있고, 이걸 설명하는 것보다 중요한 일이 없다는 태도라고나 할까. 마지막은 자신의 이야기를 자신 있게 말하되 손님에 대해 깍듯한 태도를 잃지 않는다는 것이다.

어쩌면 자신 있는 태도와 손님에 대한 깍듯함은 상반되는 자세일 수도 있지만, 이 두 가지를 적절하게 다 보여 주는 주인의 모습에서 설득의 기술을 엿볼 수 있다. 이들이 설득에 대해서 따로 이론적 공부를 했는지 여부는 알 수 없지만, 이들은 내가 알고 있는 설득에 필요한 자세를 모두 갖추고 있었다. 강사가 강의를 마친 후 청중이 나도 한 번 실천해 봐야겠다고 생각한다면, 부모가 자녀에게 왜 공부해야 하는지를 이야기했을 때 자녀의 마음에 스스로 공부하려는 의지가 생겼다면, 집안 일이 힘들어서 남편의 하소연을 한 후 부탁을 하지 않아도 남편이 집안일을 덜어 줄 때, 우리의 설득은 성공한 것이다.

나의 입장을 효과적으로 설명하여 상대가 기분 좋게 스스로 움직이도록 하는 기술이 바로 설득이고, 설득의 기술을 발휘할 일들은 의외로 우리 가까이 많은 곳에 존재하고 있다. 만약 상대가 나의 말에 동의하지 않는다면 강하게 밀어붙여서라도 관철시키려 할 테고,

그런 태도는 결국 상대를 자극해서 나의 의견과는 반대로 작용하게 만들 것이다. 억지로 자신의 주장을 관철시키려는 행동은 언쟁으로 가는 지름길인 셈이다.

오랜만에 가족들과 외식을 하러 나온 자리에서 자녀들은 핸드폰만 들여다보느라 도통 고개를 들 줄을 모른다. 슬슬 눈치를 주던 부모는 결국 핸드폰 좀 치우라고 싫은 소리를 하게 되고, 자녀들은 왜 화를 내느냐고 볼멘소리를 한다. 결국 큰맘 먹고 나온 외식은 분위기를 망치게 된다. 이는 부모가 자녀를 설득하는 데 실패했다는 말이고, 이런 일들은 주변에서 흔히 만나 볼 수 있다.

이런 상황들에 맞닥뜨려질 때 잠시 아이스크림 가게 주인들의 기술을 활용해 봄직하다. 자신이 말하고자 하는 일에 소신을 갖고 확실한 이유들을 설명할 수 있어야 하고 목소리는 확고하고 조금 크게 말하며, 상대에 대한 예의를 갖추는 일을 잊지 말아야 한다는 것이다. 상대가 나이 어린 자녀일지라도 무시하는 태도는 반감부터 자극해서 말하는 내용을 듣기도 전에 귀를 닫게 만든다. 잠시 자신의 감정을 누르고 상대와 기분 좋은 합의점을 찾는 자세는 상대만을 위한 것이 아니라 결국 부메랑처럼 나에게 돌아오게 된다.

여기에 조금 더 기술을 발휘한다면, 설득한다는 강박 때문에 말을 많이 하는 경향이 생길 수 있음을 기억해야 한다는 것이다. 설득은 말이 아니라 마음으로 하는 것이다. 대부분의 사람들은 자신의 말에 귀를 기울이고 정성껏 들어주는 사람에게 마음을 주게 되어 있다. 그러니 설득할 대상에게 말할 수 있는 기회를 양보해야 한다.

귀를 기울이고 반응을 아끼지 않는 것만으로도 상대가 나에게 열리는 것을 느껴 보라. 미국의 전 대통령인 빌 클린턴은 이 듣는 행동 하나만으로도 정치적으로 경쟁의 위치에 있는 사람들의 서슬이 퍼런 날들을 누그러뜨린 것으로 유명하다

"제가 만들었어요.", "그 강의, 제가 했습니다."라는 말은 자신의 일에 최선을 다한 사람만이 할 수 있는 말인지도 모른다. 나 자신도 내가 한 일에 대해 제가 했다고 자신 있게 말할 수 있는 사람이 되어야겠다는 결심을 한다. 이 말을 하는 사람에게서 풍기는 그 분위기를 분명히 기억하고 있다.

03

밥 한번
먹어요

밥솥 CF가운데 잘생긴 남녀 연예인이 밥 한번 먹자고 이야기하는 광고가 있었다. "밥 한번 먹어요." 나도 이 말을 자주 사용한다. 우리나라에서 밥을 먹는다는 건 참 중요한 의미를 가지는 것 같다. 식사했냐는 말이 인사가 되는 나라는 세계 어디에서도 찾아보기 힘들다고 한다. 또 한솥밥을 먹어야 정이 든다는 속담이 있기도 하고, 식구란 말은 함께 먹는 사람이라는 뜻이기까지 한 걸 보면, 밥이 주는 의미의 중요성에 대해 짐작할 수 있을 것이다.

그런데 가만 생각해 보면 이 말은 이중적인 면을 지니고 있는 것 같다. 정을 담은 함께 시간을 보내자는 의미가 있는 것은 당연하고,

가끔은 헤어지자니 뭔가 허전하다거나 그동안 연락 못한 미안함을 상쇄하기 위해서 사용되기도 한다는 점을 발견하게 된다. 정말 전자의 의미라면 만나기 위한 행동이 따를 테고, 후자의 의미라면 그냥 그걸로 그만인 셈이다. 언젠가 상대는 후자의 의미로 말을 했는데, 혼자서 기다려 본 적이 있다. 그러다 차츰 시간이 지나면서 그냥 한 말이었다는 걸 알게 된다.

우리는 생활 속에서 말이나 표현을 이런 이중적 의미로 왕왕 사용한다. 진심을 말하기가 두려워서 마음과는 다른 표현을 하기도 하고, 난처해지지 않으려고 맘과는 다른 말을 하기도 한다. 맘과 다른 말을 하는 데 있어서 가장 명수는 옛날 우리네 어머니들이셨던 것 같다. 괜찮다, 배부르다, 잘 있다는 말들로 자식들에게 희생하면서도 안심시켰던 어머니들의 중의적 말들이었다. 자식이라면 부모님의 괜찮다는 말이 괜찮은 것이 아닐 수도 있고, 자식만 괜찮으면 아무래도 상관없다는 말이란 걸 이해해야 한다. 세상의 모든 일이 하나의 면만 가지고 있지 않은 것처럼 이중적인 의미의 말들을 나쁘다고만은 할 수 없는 최상의 예이다.

하지만 이중적인 의미를 내포하도록 말을 해놓고 상대의 입장을 슬쩍 떠보는 사람도 있고, 자신이 애써 표현하지 않더라도 상대가 알아서 눈치 채 주기를 바라는 사람도 있다. 데이트를 하는 젊은 남성들이 세상에서 제일 어려운 게 바로 여자 친구의 말을 알아듣는 거라고 한다. "오빠, 나 살쪘지?"라고 묻는 말에 아니라고 하면 관심이 없다고 하고, 또 그렇다고 하면 그래서 내가 싫다는 거냐고 하고, 살쪄도 넌 예쁘다고 하면 결국 살쪘다는 말이냐고 화를 낸다며 도대체 뭐라고 대답해야 하느냐고 묻는다.

이쯤 되면 여자 친구의 말을 이해하는 일이 제일 어렵다는 남자들의 말이 맞는 듯하다. 그래서 요즘 스마트 폰에는 여자 친구의 말을 해석해 주는 어플이 있다고 하니, 별걸 다 스마트폰이 해결해 주는가 싶으면서도 여자들의 이중적인 표현은 가히 대단하다고 할 만하다. 상대를 골탕 먹이려고 하는 것이 아니라면 대화에서의 이중적 표현은 가급적 삼가는 게 현명하다. 말이란 게 곧이곧대로 해도 해석하는 사람에 따라 달라지는데, 말하는 사람마저 알아주기만을 바라며 속마음과 다른 말을 한다면 소통은 영원히 일어나지 않을 수도 있다. 해석하는 사람의 이해에 따라 소통의 정도를 맡기지 말고, 좀 더 명확한 표현을 해 보자.

마음이 없는데도 어색해서 인사치레로 밥 먹자는 이야기를 하지는 말자. 그 말을 진짜 믿고 기다렸다면 뒤늦게 치레만 하는 사람이란 걸 알게 될 것이고, 그렇게 닫힌 마음은 다음에 만나면 가벼운 인사도 하지 않는 사이를 만들어 버릴 수도 있다. 잠시의 어색함을 모면하려고 둘러댄 말이 어쩌면 영원히 어색한 사이를 만들 수도 있는 것, 그게 바로 잘못 전달된 메시지의 위력이다.

메시지를 전달하는 요소에는 말과 행동이 있다. 말과 행동이 서로 다른 뜻을 전달하는 상태를 '복합 메시지'라고 하고 상대를 혼란스럽게 하는 '잘못된 메시지 전달법'이라고 한다. 두 가지의 상반된 전달은 상대를 혼란에 빠뜨린다.

말은 서로 소통을 하기 위한 도구이다. 이 도구를 활용함에 있어서 가장 좋은 자세는 짧고 간결하게 말하는 것이다. 말이 길어지고 장황해 질수록 처음 시작과 끝의 주어나 술어가 무엇을 말하는지 애매해진다. 문장도 간결하고 내포하고 있는 뜻도 간결하다면, 상대방으로 하여금 해석이 필요하거나 오해할 확률이 줄어든다. 그 말은 같은 생각으로 맞춰지기가 쉬워진다는 의미이고, 소통의 방해가 사라진다는 의미가 된다. 그런 사람과의 대화와 관계는 부담스럽지 않을 것이며 상대가 먼저 식사 한번 하자고 부탁하는 사람이 되어 있다는 이야기이다.

절대 하지 않는다고 말하는 사람은 사실은 꼭 다시 권해 달라는 의미이다. 아무렇지 않다고 말하는 사람은 속으로 힘이 든다는 의미이다. 말하는 사람은 말과 뜻이 하나가 되도록 말하기 위해 노력하다 보면, 다른 사람들과 나의 마음이 하나가 되는 놀라운 일을 경험할 수 있을 것이다.

04

목소리는
신뢰의 표정

나는 목소리에 유난히 민감한 편인 것 같다. 사람의 목소리를 잘 기억하고, 심지어는 목소리를 듣고 성격도 짐작하는 편이다. 직업적인 발동인가 생각해 보았는데 아가씨였을 때 남편감에 대한 조건을 나열할 때 목소리가 좋고 휘파람을 잘 부는 사람이었으면 좋겠다고 생각한 적이 있는 것을 보면, 지금의 직업을 갖기 이전부터 이미 목소리에 민감했던 것 같다.

몇 년 전 전주 테크노파크에서 기업을 운영하는 대표의 보이스 컨설팅을 의뢰받은 적 있다. 그 대표는 자신의 목소리가 가벼워서 나이나 위치에 비해 무게감을 주지 못하는 것 같다고 했다. 무엇을 고민하는지 충분히 공감할 수 있었다. 얼마 전에 본 군인영화에서 대위쯤 되는 사람이 부하들에게 명령을 전달하는 데 목소리에서 위엄이 느껴져서 말만 듣고도 거역할 수 없을 것 같다고 생각하면서, 저게 바로 목소리의 위력이구나 하고 실감했었다.

물론 이야기를 나누다 보면 내면을 갖추지 않고 외면적인 훈련만을 해서 사람을 혹하게 하는 경우도 없는 것은 아니다. 한동안 기승을 부렸던 기획부동산들이 전화를 걸어서 좋은 정보를 주겠다는 이야기를 할 때, 그들의 목소리는 사람에게 어떤 목소리로 다가가야 하는지를 배워서 훈련 받았다는 걸 알 수 있어서 좀 씁쓸했었다.

사람에게는 고유한 음성이 있다. 유전적인 신체조건과 후천적 환경에 의한 복잡한 습득 과정을 통해 형성된 음성은 바꾸기가 쉽지 않다. 그러나 훈련에 의해 음색을 조절할 수는 있다. 사람의 목소리에 양향을 가장 많이 주는 요소는 호흡이다. 호흡을 길고 무겁게 할 수 있다면 음색도 호흡에 따라 달라질 수 있는 것이다.

사람은 나이가 들면서 호흡법이 점점 흉식호흡으로 옮겨 가면서 숨이 짧고 가늘어진다. 그래서 호흡법과 깊은 연관이 있는 명상, 요가, 국선도 등의 수련을 잘하면 오래 산다고 이야기하는 것 같다. 할 수만 있다면 말을 시작하기 전에 호흡을 하고 한 문장은 한 호흡으로 말하도록 천천히 숨을 뱉는 훈련을 하는 것이 좋다. 호흡이 딸리거나 큰 목소리를 낼 때도 가능한 목에 힘을 주려 하지 말고 아랫배에 힘을 주어서 소리 내야 더 크고 강한 소리가 난다.

우리 몸은 모든 기관이 하나의 유기적 협력체이다. 복식호흡을 하면 횡경막이 열리고 성대의 윤활제인 점액이 분비되어 성대가 부드러워지는 반면, 몸이 피곤하면 성대도 빨리 지치게 되어 쉽게 목이 쉬기도 한다. 결국 좋은 소리를 내기 위해서는 좋은 컨디션을 유지해야 한다.

어린아이들을 가르칠 때 해마다 학기 초가 되면 알려 줘야 할 것들이 너무 많아서 종일 입에 말을 달고 살았다. 결국 만성 후두염으로 오래 고생을 하더니, 후두염은 결절로 발전하고야 말았다. 늘 쉰 소리가 나고 피곤할 때는 말하기가 고통스러울 정도가 되더니, 노래를 부르는 건 꿈도 못 꾸는 상황까지 이르렀다.

불편함을 참을 수가 없던 나는 수술을 하기 위해 이비인후과를 찾았는데 병원에서는 수술을 하면 얼마간은 좋아지겠지만 습관을 바꾸지 않으면 다시 같은 증상이 나타날 거라고 했다. 철봉을 해서 손바닥에 굳은살이 생겼을 때 철봉을 쉬면 어느 틈엔가 딱딱함이 사라지는 것과 같은 이치라고 했다.

그 후에도 갑상선을 앓는 등 목에 대한 수난은 계속되었다. 그런데 지금의 나는 하루 6~7시간의 강의를 거뜬히 해 낼 수 있을 정도이며, 심지어는 목소리가 좋다는 이야기를 듣기까지 한다. 호흡법과 발성법을 익히고 체득할 수 있었던 일에 대해 감사할 따름이다.

이 두 가지를 처음 가르치면 어렵다고는 하지만, 원리를 알고 실행하기까지는 아주 긴 시간이 걸리지는 않는다. 하지만 문제는 실제 말을 할 때 호흡을 하고 발성법을 이용하여 이야기를 하지 못한다는 점이다. 오랜 습관을 바꾸는 일이 어렵다는 건 익히 알고 있는 일이지만, 특히 말하는 방법을 바꾼다는 건 각별한 노력이 필요한 일이다.

목소리는 그 사람의 심리상태를 반영한다. 아무리 감추려고 노력해도 표가 나는데, 특히 전화상으로는 목소리에 나타난 상대방의 감정을 더 예민하게 느낄 수 있다. 우리의 모든 감각이 목소리에 집중되기 때문에 목소리에 담긴 느낌을 더 쉽게 느끼는 것이다. 그래서 상대에게 기분이 좋고 신뢰를 줄 수 있는 목소리를 내기 위해서는 자신의 마음상태를 먼저 바꾸어야 한다. 강사들이 강의에서 에너지가 넘치는 첫 시작을 하기 위해 강의장에 도착하기 전에 차 속에서 박수를 치거나 크게 웃는 등의 행동을 하는 것은 충분히 의미가 있는 일이라고 볼 수 있다.

멋진 얼굴을 보고 난 후의 느낌보다 좋은 목소리를 듣고 난 후의 여운이 오래간다고들 한다. 특히 여성들은 남성에 비해 목소리에 민감하다. 목소리는 높낮이에 따라 느낌이 다르다. 낮은 소리는 신뢰감을 주지만 적당히 높은 소리는 밝고 긍정적인 느낌을 준다. 때와 장소에 따라 목소리의 높낮이를 조절할 수 있는 것도 목소리의 중요한 포인트이다. 자신이 가진 목소리의 느낌을 변화한다는 건 쉬운 일은 아니지만, 목소리는 내가 가진 매력을 상승시키기에 충분히 좋은 요소이다.

'뚝배기보다 장맛'이라는 속담처럼 내면만 확실하면 된다고 생각해서는 안 된다. 요즘은 값싸 보이는 그릇에 담긴 음식은 먹으려고 시도도 하지 않는 세상이 되었다. 내면과 함께 좋은 목소리로 포장할 수 있어야 진정 매력적인 사람이 아닐까.

05

눈빛은
말보다 강하다

일을 하다 보면 여러 강사들을 만난다. 그중에는 오래전부터 알아 왔던 사람들도 있고, 처음 만나서 맞춰 가는 사람도 있다. 처음 만나는 강사들하고는 어쩔 수 없이 오감을 발동하여 어떤 사람인지, 함께 일을 할 수 있는 사람인지를 파악하려고 애쓴다. 그건 상대방도 마찬가지일 것이다. 내가 상대에 대해 이런저런 이미지를 가지고 있는 것처럼 나도 상대에게 그럴 거라 생각한다.

서로 친분이 쌓이면 첫인상에 대해 이야기할 때가 있는데, 나에 대한 느낌이 다정하다는 사람이 있는가 하면 날카롭다는 사람도 있으니, 보기에 따라 인상도 달라지나 보다. 가장 기분 좋은 말은 어느 중년의 여 강사가 나를 보면서 '카리스마 있는 사람이 부드러울 수도 있구나.'라고 생각했다는 것이었다. 황송한 칭찬인 줄 알면서도 한없이 기분이 좋았던 건 내가 추구하는 이미지가 바로 따뜻한 카리스마이기 때문이다.

사람들은 각자 자신이 추구하는 이미지를 가지고 있다. 구체적인 이미지를 가지고 있는 사람이 그 모습에 훨씬 빨리 가까워진다는 이야기는 이미지트레이닝에 대해 다각도로 연구하는 사람들에 의해서 밝혀지는 진실이다. 그 칭찬을 받았을 때 머릿속으로 그리는 모습에 조금이라도 가까워지고 있다는 기쁨이 있었다.

그런데 사람들은 무엇을 보고 사람의 이미지를 만드는 것일까? 메러비언에 의해 만들어진 법칙에 의하면 '7-38-55법칙'이 적용되는데 이는 전달 내용7%, 청각적 요소 38%, 시각적 이미지55%에 의해 개인의 이미지가 형성된다는 법칙으로, 여기서 주목해야 할 것은 '55%'의 시각정보에 의해 이미지는 거의 결정이 난다는 것이다.

시각 정보 중 사람이 사람에게 가장 많이 집중하는 곳은 얼굴이며, 얼굴 중에서도 특히 집중하는 곳은 바로 눈이다. 우리가 사람을 볼 때 가장 먼저 가장 많이 보는 것이 눈이란 건 조금만 생각해 보면 금방 알 수 있다. 사람의 얼굴은 그 사람의 생각을 담고 있어서 한 방에 바뀌는 것이 아니라고는 하지만, 맘만 먹으면 눈빛을 다르게 할 수 있는 것도 얼마든지 가능하다.

개인이나 청중을 앞에 두고 이야기를 하기 위해서는 상대에게 나의 말에 집중하게 만드는 첫 관문을 통과해야만 한다. 내가 해야 하는 이야기에 맞는 이미지를 상대의 머릿속에 먼저 그려 놓은 점은 유리한 고지를 점령하고 전쟁을 시작하는 일과 비슷하다. 그래서 나에게 스피치를 배우는 분들에게는 말을 시작하기 전에 교감을 하든 제압을 하든 눈빛으로 먼저 승부를 걸라고 말한다. 그러려면 말을 시작하기 전에 잠시 멈추는 시간을 가져야 하고, 그동안 호흡을 가다듬으면서 상대와 눈빛을 먼저 나누어야 한다. 이 첫 자세가 몸에서 배어 나오게 될 때까지는 연습에 연습을 거듭해야만 한다. 멈추고, 숨쉬고, 마주 보고. 이 세 스텝을 입으로 되뇌는 것도 하나의 방법이 될 수 있다.

혹, 자신의 눈빛은 어떤지 알고 있는가? 아님, 피드백을 받은 적이 있는가? 그걸 알기 위해서 거울을 꺼냈을지도 모르지만, 지금 거울 속에서 보이는 당신의 눈빛은 다른 이들이 보는 눈빛과 다를 가능성이 매우 높다. 보통의 사람들은 자신의 모습을 거울에 비춰볼 때 본능적으로 가장 근사하게 보이도록 표정을 만들기 때문이다. 그래서 다른 사람들은 내가 보는 모습보다는 조금 못한 모습을 보고 있다는 걸 기억할 필요가 있다.

근사하게 보이고 싶은 본능을 긍정적으로 활용하는 방법이 있다. 앞에서 언급했던 이미지트레이닝을 활용하여 거울에 비친 내 모습을 기억해 두고, 다른 사람들을 만날 때 그 모습이 되려고 애쓰는 것이다. 자신도 알지 못하는 어느 틈엔가 표정은 바뀌어 있을 것이다. 배트맨 시리즈 중 최고의 악당을 만들어 낸 고(故) 히스 레저는 영화 속 캐릭터에 너무 몰입한 나머지 현실적인 생활을 할 수 없었다고 회자된다.

대부분의 사람들이 영화 속 최고의 악당을 꼽으라고 하면 기괴한 얼굴 분장과 광기 어린 표정의 조커를 기억해 낸다. 히스 레저는 이 역할에 캐스팅이 된 후 6주 동안 방에서 나오지 않고 조커라는 캐릭터 연구에만 몰입했고, 조커 입장에서 일기를 쓰는 등 철저하게 자신을 조커로 만들었다고 한다. 하지만 이런 몰입은 그를 28세란 젊은 나이에 세상을 등지고, 아카데미와 골든 글로브에서 주인 없는 트로피를 수여하는 일을 만들게까지 했다.

몰입해서 생각하면 우리의 표정은 원하는 방향으로 변한다. 다른 사람에게 어떤 모습으로 보이고 싶은지를 결정했다면, 먼저 눈빛에 그 모습을 담으려고 노력해 보자. '나는 이런 사람이다!'라고 열 번 말하는 것보다, 몸으로 보여 주려고 행동하는 것보다 눈빛이 더 강한 힘을 발휘할 수 있다. 강한 긴장감으로 인해 얼굴을 마주 볼 수 없다면, 사람의 어느 한 곳을 부드럽게 응시하는 훈련을 하면서 차츰 얼굴로 시선을 옮겨 나가는 연습을 해야 한다.

여러 명을 대상으로 할 때의 긴장감은 부드러운 표정을 보내는 나의 편을 찾아서 응시한 후, 마음이 충분히 편해진 다음에 다른 사람에게로 옮기는 것도 좋은 방법이다. 단, 그 공간 내에 있는 모든 사람과는 최소한 한 번이라도 눈을 마주쳐야만 한다. 이를 위해서 전체 공간을 놓고 뒤에서부터 지그재그로 시선을 천천히 옮기라고 이야기한다. 한 사람 한 사람 이야기를 건넬 수는 없지만 눈빛만으로도 이야기를 한 것과 같은, 아니 그보다 더 강한 효과를 낼 수 있다.

또한 상대에게 나의 마음을 전하려고 할 때 고개를 떨어뜨리고 눈을 마주치지 않는다면 절대 진심은 전해지지 않을 것이다. 하고 싶은 말이 많은데 다 전하기가 어렵다면, 나의 진심을 있는 그대로 전하고 싶다면, 그리고 좋은 사람이란 말을 듣고 싶다면 나의 눈에 그것들이 담기도록 해야 한다.

이제 상대의 눈 속에 나의 눈빛이 들어가도록 마주하고 전달해 보자.

06

무능하게
보이지 마라

20세기 최고의 발명품이 짬짜면이라고 농담처럼 말하는 사람들이 있다. 아마도 모든 사람이 자장을 시키면 짬뽕이, 짬뽕을 시키면 자장이 먹고 싶었던 경험을 가지고 있기 때문에 별다른 토를 달지 않고 빙긋 웃어 보인다. 누구나 양손에 무언가를 들고 한쪽을 결정해야 한다면 결정하는 순간 다른 쪽이 커 보인다는 것을 알고 있다. 늘 선택해야 하는 삶을 살면서도 여전히 작은 선택 앞에서 고민할 수밖에 없는 이유일 것이다.

함께 식당을 가서 메뉴를 정할 때 꼭 '아무거나', '같은 걸로'라고 말하는 사람이 있는데, 한 번쯤은 배려로 느끼기도 하지만 매번 무언가를 결정해야 할 때마다 이런 말을 한다면 슬슬 짜증이 나기 시작한다. 늘 의사 결정을 미루는 사람과 뭔가를 하다 보면 알아서 하라고 하는 말이 더 이상 배려가 아니라 스트레스로 작용한다는 사실을 느끼게 된다.

선택하는 일은 누구에게는 어렵지만 유난히 결정을 하지 못하고 왔다 갔다 하거나 남에게 의존하는 사람이 있다. 이런 사람들을 위해서 짬짜면이 탄생했는지도 모르겠다. 고민하다 자장을 시킨 순간부터 짬뽕이 더 맛있을 것 같은 생각이 드는 고민을 한 방에 정리해 주니, 이 얼마나 고마운 메뉴인가. 요즘 '결정 장애'란 말을 유난히 많이 듣게 되는데, 실제로 장애라는 말까지 듣는 정도는 아니라고 하더라도 결정에 어려움을 느끼는 사람이 그만큼 많다는 이야기 같다.

결정 장애는 독일의 저널리스트 올리버 예게스가 독일 일간지 〈디벨트〉에 "글쎄", "아마도" 등 불확실한 말을 많이 사용하는 20~30대를 분석한 칼럼에서 사용하면서 유명해진 말인데, 그의 분석에 따르면 결정 장애 세대는 개개인의 나약함이라기보다는 급속한 사회 변화에서 그 원인을 찾아야 한다고 말한다. 사회가 초고속으로 디지털화 되면서 선택의 범위가 과거와는 비교할 수 없을 만큼 넓어지고 변화의 속도 또한 빠르기 때문에 무언가를 결정하는 일이 그만큼 어려워진 데서 원인을 찾아야 한다는 것이다.

'햄릿 증후군'이라고도 불리는 결정 장애 세대는 1980년대에 태어나 1990년대에 학창시절을 보낸 사람들이 주로 속하는데, 아날로그에서 디지털로 변화하는 과정을 지켜본 덕분에 별다른 설명 없이도 디지털 기기에 적응하는 놀라운 적응력을 보이는 반면, 예측할 수 없을 만큼 발전하는 변화의 속도를 알기 때문에 무언가를 결정하는 데 두려움을 느끼게 된다는 것이다.

딸아이가 40일 정도의 유럽 배낭여행을 떠났는데, 염려와는 다르게 와이파이가 되는 공간에서는 수시로 문자로 안부를 전하고 심지어는 영상 톡이라는 것도 있어서 얼굴을 보며 너무 그을렸다는 걱정까지 주고받을 수 있어서 며칠 만에 멀리 있다는 사실도 잊게 만들었다. 새벽 두 시에 울려 대는 폰 소리에 화들짝 놀라서 전화를 받았는데, 딸이 스카이다이빙을 해야 할지 말아야 할지를 묻는 것이었다. 언제 또 할 수 있을지 모르니까 무서워도 해 보는 것으로 결정을 내리고 전화를 끊었는데, 한번 달아난 잠에 다시 들기가 쉽지 않아서 결국 새벽까지 잠을 설치고 말았다.

그때 이 녀석이 결정 장애가 아닐까 심각하게 고민해 보았다. 그래도 팔이 안으로 굽는다고, 본인에게는 그 일이 그 만큼 중대한 사안이었다고 믿기로 하면서 잠이 들었던 기억이 있다.

결정을 미루고 싶고 또 누군가 대신 결정해 주면 안심되는 것에 여러 가지 심리적인 이유들이 있다는 것은 충분히 이해할 수 있지만, 성인이 되어서도 늘 타인에게 의지한다면 사회적으로 관계를 맺음에 있어서 문제를 초래하게 된다. 사람에게는 직관력이라는 것이 있어서 몰입했을 순간에 떠오른 생각이 더 정확할 때가 많다. 오래 고민할수록 선택은 어려워지는데, 좀 더 유리하거나 이익이 되는 것이 무엇일지를 생각하면 할수록 결정은 점점 더 어려워진다.

따라서 결정해야 하는 일에는 빠른 시간 내에 결정을 내리고 선택하지 않은 반대쪽으로는 고개를 돌리지 말아야 한다. 버린 선택이 자신을 옭아매어서 갈팡질팡하는 사람으로 만들지 않도록 단호한 결심을 해야 한다. 처음 얼마간은 잘한 일인지 모르겠다는 생각과 함께 두렵기까지 하겠지만, 습관을 들이도록 노력하다 보면 조금씩 쉬워진다.

또한 완벽한 선택을 해야 한다거나 자신이 가 보지 않은 일에 대한 두려워하는 마음을 버리는 것이 선택상황에 대한 압박감을 반감해 줄 수 있다. 오늘 자장을 못 먹었다고 해서 큰일이 생기는 건 아니다. 내일 짬뽕을 먹으면 되는 일이고, 또 생각보다 자장이 맛있기도 하다는 걸 기억하자.

직원을 뽑을 때 말하는 모습을 보고 결정하는 사장님이 있는데, 이분은 예비 직원들의 말투에서 끝을 흐린다거나 애매한 표현을 사용하는 사람은 성격도 그럴 거라고 믿기 때문에 그런 업무 방식은 자신과 맞지 않다고 판단한단다. 다소 과하다는 생각이 들어서 예외에 대해서 조언을 드렸지만, 오랜 경험에서 생긴 생각이 너무 확고해서 아무 소용이 없었다.

이처럼 모든 사람이 다 그런 건 아니지만, 대부분은 말투를 보고 그 사람의 성격을 짐작한다. 사람들에게 불명확하거나 결정 장애가 있는 사람으로 보이고 싶지 않다면 자신의 말을 점검해 보아야 한다. '아마도', '글쎄', '그럴 걸'과 같은 말들을 사용하고 있다면 '나약하다', '우유부단하다', '결단력이 부족하다'는 말을 들을 수 있다는 것을 알고, 그런 표현부터 바꾸어야 한다. 특히, 자신의 감정을 표현하는 말에서는 애매한 표현보다는 명확한 표현으로 감정을 나타내도록 해야 한다. 자신의 감정도 명확하게 표현하지 못하는 사람을 믿을 수 있는 사람은 많지 않기 때문이다.

결정을 못하는 사람이 옆에 있을 때, 답답한 마음에 먼저 결정을 내려 주거나 이런저런 조언을 하며 바른 결정을 내리도록 독촉을 하게 된다. 하지만 이런 행동은 결정 장애를 더욱더 악화시킬 뿐이다. 다소 시간이 걸리더라도 결정을 스스로 하도록 기다려 주고, 결정한 후에는 스스로 한 결정에 지지를 보내야 한다. 메뉴판에 '아무거나'라는 메뉴가 생긴 것을 기뻐하는 것이 아니라, 스스로 명확한 결정을 내릴 수 있음을 즐거워하는 사람이 능력을 갖춘 사람으로 보인다.

07

편지로
가슴에 새겨라

아이 하나를 잘 키우기 위해서는 온 마을이 필요하다는 말이 있
다. 교육에서뿐 아니라 우리가 살아가는 어느 것 하나도 혼자만의
힘으로 되는 것이 없다. 생각해 보면 아침밥 먹는 일 하나에도 태양
과 바람과 물 등 자연의 도움을 비롯하여 얼마나 많은 사람들의 노
고가 서려 있는지 모른다. 사람이 혼자 살아갈 수 없는 건 당연한
일일 것이고, 특히나 요즘처럼 빠르게 발전하는 세상에서는 주변
사람들의 능력을 활용하고 도움을 받을 수 있는 사람이 가장 능력
있는 사람이라고 말한다.

자신이 가진 능력이 아무리 뛰어나도 주변과 소통하지 못하면, 능

력이 좀 부족하지만 소통 능력이 있는 사람보다 업무 면에서 뒤떨어지는 경우를 종종 보게 된다. 혼자서는 하기 힘든 일도 여러 사람들이 모이면 해결할 수 있는 일들이 생기는 것, 뛰어난 소통 능력을 가진 사람들이 능력을 발휘하기에 유리한 이유가 바로 여기에 있는데, 소통의 중요함을 알면서도 소통의 어려움을 토로하는 사람들 중에는 소극적인 성격을 바꾸지 못해서 고민하는 사람들이 많다. 이런 사람들에게 권하는 소통 방법이 편지다.

편지를 활용하다 보면 오히려 기대 이상의 효과를 가져오기도 한다. 편지는 전화와 이메일, 문자에 밀려서 사용하는 빈도가 줄어들고 있고, 단 1~2초 만에 전달되는 다른 방법들에 비해 시간도 더 걸리고 번거롭기 때문에 요즘 세태에는 맞지 않는 일일 수도 있다. 하지만 편지는 더욱 큰 울림과 감동을 줄 수 있다는 사실은 편지를 받아 보면 금방 알 수 있다.

책꽂이의 오래된 책들을 정리하면서 누렇게 변한 책 속에서 편지 하나를 발견했는데, 선친이 직장을 따라 집을 떠나는 딸에게 이런저런 당부의 말을 담아서 쓰신 편지였다. 편지를 읽으면서 자식에 대한 기대와 안타까움이 가슴으로 전해져서 하던 정리를 멈추고 선친과의 추억에 빠져서 시간을 보낸 기억이 있다. 식사를 잘 챙기라는 말에는 가볍게 표현되었지만 혼자서 객지 생활할 딸에 대한 염려가, 좋은 선생이 되라는 당부에는 자랑스러움과 책임감을 심어 주고자 하셨던 마음이 고스란히 담겨 있어서 얼마나 사랑하고 대견스러워 하셨는지를 그대로 느낄 수 있었고, 이 편지를 받아 들고 부끄럽지 않은 딸이 되려고 결심했던 기억이 난다.

재수학원에 들어가서 고3을 한 번 더 치르는 아들이 어버이날을 한참 앞두고 편지 한 통을 보내왔는데, 뒷바라지에 대한 감사와 열심히 노력하겠다는 의지, 그리고 그동안 무뚝뚝한 아들이어서 미안하다는 말들이 편지지 한 장 가득 적혀 있었다. 가끔 전화로 전해지는 표현들과는 다른 감동으로, 이렇게 속이 깊었다는 것을 느끼며 감동의 눈물과 함께 힘이 펄펄 나게 만들어서 카네이션 하나 없는 어버이날을 보내도 부자가 된 듯한 기분이었다.

편지를 이용해서 주변 사람들과 소통하고 리더십을 발휘했던 것으로 유명한 사람이 링컨이다. 링컨이 보낸 편지들은 잘 보존되어서 여러 커뮤니케이션 전문가들의 분석을 통하여 그의 리더십이나 소통 방법을 연구하는 데 활용되고 있다. 링컨의 편지 중에는 남북전쟁 중 결정적인 실수를 한 장군을 책망하는 것, 사촌 동생이 몇 번에 걸쳐 돈을 빌려달라는 요청을 하는 것에 대한 거절 등 다양한 사안이 담겨 있는데, 말과는 다른 감정을 자제하고 이성적으로 대처하는 모습이 잘 드러나 있다.

혹여, 사람과의 관계에서 쉽게 흥분하고 그 흥분으로 상대에게 상처를 주는 일을 반복하는 사람이 있다면 편지로 하는 소통을 적극적으로 활용하라고 권하고 싶다. 여직원들만 있는 영업회사에서 팀장을 맡은 지인은 팀장을 맡은 지 두 달 만에 상사로부터 실적이 없는 직원 두 명을 정리하라는 통보를 받았다. 문제는 그 직원들은 상사가 승진하기 두 달 전까지는 그 상사의 관리를 받는 직원이었다는 것이다.

유예기간도 없이 통보를 하라는 말에 말미를 줄 것을 말했지만 잘 받아들여지지 않자, 열을 받은 신출내기 팀장은 상사에게 본인이 데리고 있을 때 잘 가르치든지 아니면 그때 정리를 하지 왜 못했느냐고 대들었다고 한다. 몇 시간이 지나자 자신이 하지 말아야 할 일을 했다는 생각이 든 그는 잘잘못과 상관없이 사과해야 했다. 그는 왜 참지를 못하는지 모르겠다며 자신의 일을 후회했다.

이런 경우에는 잠시 자리를 피하고 글로써 자신을 밝히는 방법을 권해 주고 싶다. 시간을 두면 감정이 가라앉기도 하지만 글을 쓰면 정제된 감정을 표현할 수 있기 때문이고, 또한 얼굴을 마주하고 할 수 없는 이야기도 서로 불편하지 않게 말을 할 수 있다는 장점이 있다. 불편한 감정을 전달하는 일에도 도움을 받을 수 있지만 편지 쓰기의 가장 좋은 점은 좋은 감정이 말로 하는 것보다 훨씬 효과적으로 전달된다는 점이다.

예기치 않게 누군가로부터 감사의 편지를 받는다면, 그 감사는 평생 동안 기억에 남을 것이다. 새로운 일을 시작하는 직원이 신입 교육을 받은 후에 상사로부터 장점이나 기대감을 편지로 받는다면, 어쩌면 그 직원은 아무리 어려운 일이 있어도 회사를 떠나지 않을 것이다. 사람은 자신에게 기대를 걸고 믿어 주는 사람에게는 최선을 다하려는 마음을 가지는데, 주변에 있는 사람이 자신에게 이런 방법으로 마음을 전달한다면 그 기대를 저버리지 않도록 최선을 다할 것이다. 이보다 더한 소통이 있을까?

형식을 갖춘 긴 편지가 아니어도 좋다. 짧은 엽서라도 손으로 적힌 진심을 만난다면 그것으로 충분한 감정의 공유가 일어날 것이고, 이런 감정이야말로 최고의 소통이라고 볼 수 있을 것이다.

08

같음은 취하고
다름은 남겨라

사람과 관계를 맺는다는 것은 지속적으로 좀 더 나은 관계를 유지하기 위함에 있다. 그런데 관계를 지속적으로 유지하기 위해서는 무엇보다 서로를 비교하지 말아야 한다. 대부분의 사람들이 서로가 서로를 비교하기 마련이다. 학벌과 부의 상태를 비교하기도 하고, 생활 수준은 누가 더 나은지 비교한다.

하지만 좋은 관계를 지속적으로 유지하기 위해서는 상대방과 자신을 비교하지 말아야 한다. 상대는 상대일 뿐이고 자신은 자신일 뿐이라는 생각을 가져야 한다. 아무리 친한 사이라도 상대를 자신의 틀에 맞출 수 없고, 자기 수준을 상대와 동일한 수준으로 맞출 수도 없다. 특히 오래도록 친한 관계를 유지해 온 사이일수록 상대방을 자기의 틀에 맞추려는 생각을 해서는 안 된다.

〈논어〉에서 공자는 "군자(君子)는 화이부동(和而不同)하고 소인(小人)은 동이불화(同而不和)"라고 말한다. 즉, 군자는 화합하나 부화뇌동(附和雷同)하지 않고, 소인은 부화뇌동하나 화합하지 않는다는 것이다. 이 말의 핵심은 서로 함께하는 것은 좋지만 서로 같아지려고 하지 않아야 함을 강조한 말이다. 이와 유사한 말로 '구동존이(求同存異)'라는 말이 있다. 이 말은 '같은 것을 추구하되 다름은 남겨둔다'는 말이다.

좋은 관계를 지속적으로 유지하기 위해서는 갈등의 상황에서 특히 주의해야 한다. 사람이 살아가다 보면 위기가 찾아오듯이 아무리 좋은 관계라도 갈등 상황이 도래하기 마련이다. 위기 상황을 잘 넘겨야 삶이 순탄해지듯 사람과 사람의 관계에서는 갈등 상황을 잘 넘겨야 오래도록 원만한 대인관계를 유지할 수 있다. 서로가 서로의 입장을 고집하는 갈등 상황에서 모든 것을 같게 하려고 하다 보면 갈등은 심화될 수밖에 없다.

그러므로 일차적으로 같은 것은 취하고 서로 이견(異見)이 있는 것에 대해서는 그 상태로 남겨 두어야 한다. 그러면서 시간을 두고 차근차근 해결해 나가는 것이 원만한 관계를 유지하고 관계가 파국(破局)으로 치달을 수 있는 위험을 사전에 방지하는 길이라 볼 수 있다.

그런데 대부분의 사람들이 자신이 상대방보다 힘이 있거나 우월한 위치에 있을 경우, 상대방을 자기 영향력 아래 놓으려고 한다. '품 안에 있을 때 자식'이라는 말이 있듯이 자기 주도적이고 리드하기를 좋아하는 사람일수록 그러한 성향이 농후하다. 그런 사람들이 자주 하는 말은 '좋은 것이 좋은 것이니 함께 무리를 지어서 어울리는 것이 좋다'는 논리를 앞세워 다른 사람을 자기 지배 영향권에 두려고 한다는 점이다. 마치 신혼 부부들이 서로 생활의 주도권을 잡아가려고 하듯이 말이다.

그러다 보면, 주도권을 잡으려는 사람과 잡히지 않으려는 사람 간에 갈등(葛藤)이 심화되기 마련이다. 그러한 갈등은 무엇보다 자기가 상대방보다 우월하다 혹은 자신이 상대방과 비교를 해 보니 턱없이 부족하고 열위 하다고 느끼는 생각에서 비롯된다. 자신과 상대방과의 비교를 통해 자신도 모르게 그 비교 결과에 휘둘리는 것이다. 그래서 강(强)하다고 생각하면 강자 노릇을 하려고 하고, 약(弱)하다고 생각하면 자격지심(自激之心)에 의해 스스로 약자가 된다. 그러므로 서로를 비교하지 않아야 한다. 그래야 구동존이(救同存異)에 상응하는 관계를 유지할 수 있다.

서로를 비교하지 않으려면 서로가 서로에게 잘하는 것을 지원해 주는 것이 좋다. 부족한 점을 서로 채워 주는 것도 좋지만, 서로 잘하는 것을 응원하는 것이 우선되어야 한다. 서로가 부족한 점에 치중하다 보면 의기소침해지는 경우가 생길 수 있으므로 서로 잘하는 것에 치중할 수 있도록 서로가 서로의 든든한 지원군이자 후원자가 되어야 한다. 그래서 서로에게 힘이 되고 서로 사기 충만한 상태에서 열정적이고 희망적으로 노래하는 관계를 형성해야 한다. 그것이 오래도록 좋은 관계를 형성하는 단초가 된다.

사실 좋은 관계가 계속되는 근원이 되는 것은 주종(主從)의 관계가 아닌 조화와 균형을 이루는 수평적이고 동등한 관계선상에 있다는 점을 알아야 한다. 서로가 갑(甲)과 을(乙)의 관계가 아닌, 지배와 피지배의 관계가 아닌 동등한 관계여야 한다는 것이다. 그런 관계선상에서 서로가 서로의 강점을 지원하듯 서로의 의견을 존중해 주고 서로 다른 점에 대해서는 여지를 남겨 두는 구동존이 의식이 생기는 것이다. 아울러 서로를 구속하지 말고 서로의 자율성을 기꺼이 인정해 주면서 화이부동의 상태를 유지하는 것이 최상이다.

09

곳간에서
인심(人心) 난다

관포지교(管鮑之交)에 등장하는 관중이 남긴 말 중에
'창름실즉지예절 (倉凜實則知禮節) 의식족즉지영욕(衣食足則知榮辱)'라
는 말이 있다. 이 말은 백성은 곡식창고가 가득 차야 예절을 알고,
입고 먹는 것이 넉넉해야 영예와 수치를 안다는 말이다. 먹고 살만
해야 예절도 찾게 되고 넉넉해야 체면을 생각하면서 주변을 돌아본
다는 것이다.

사람과 사람의 관계도 마찬가지다. 단순히 사랑과 정(情)만으로는
오래도록 좋은 관계를 유지할 수 없다. 일단은 기본적으로 먹고 살
만해야 한다. 기본적으로 생계에 지장이 없어야 하고 생활이 안정

되어야 한다. 먹고 사는 것이 힘들고 생계가 어려우면 아무래도 관계가 소원해질 수밖에 없다. 또 마음이 넉넉해야 한다. 마음의 여유가 없으면 주변을 돌아 볼 여유도 없다. 마음이 불안하기에 선뜻 사람과 좋은 관계를 유지하려 해도 섣불리 잘되지 않는 것이다.

이와 유사한 말로 '사람이 승리를 부르고, 승리가 사람을 모은다'는 말이 있다. 무릇 사람은 잘나가는 사람이나 높은 위치에 있는 사람 주변에 몰리게 마련이다. 인기 스타에게 사람이 몰리지, 평범하고 아무 보잘것없는 사람 주변에 몰리지는 않는다. '정승집 개가 죽으면 사람이 몰려도 정승이 죽으면 개 한 마리 얼씬하지 않는다'는 속담이 이러한 세태를 잘 반영한다.

21세기를 사는 문명인답게 배우고 수준 있고 품격 있는 사람이기에 그러지 말아야 하는데, 사람과 사람 간의 관계에도 이(利)는 예나 지금이나 모든 것을 좌지우지하게 마련이다. 즉, 잘나가는 사람에게 사람이 몰리게 마련이라는 점이다. 사람들은 자신에게 이익을 줄 수 있는 힘을 가진 사람을 따르기 마련이다.

인간은 근본적으로 번식과 생존을 추구한다. 사람과 사람이 관계하는 데에도 이 원리는 여지없이 적용된다. 자신의 영향력을 넓혀가기 위해 관계를 형성하는 것도 번식에 해당한다고 볼 수 있다. 또 자신이 결코 손해를 보지 않고 이익을 보려고 하는 것 또한 자신의 생존을 위한 것이라고 볼 수 있다.

그렇다. 사람은 일차적으로 먹고 사는 문제가 해결되어야 하고, 그러한 안정된 생활 터전 위에서 좋은 관계를 형성하고 매너와 에

티켓을 지키는 등 품위와 품격을 유지하면서 체면 유지를 위해 애쓰는 것이다. 아울러, 하나의 관계에서 또 다른 관계로 관계의 폭을 넓히려는 속성이 있다는 점을 알아야 한다. 이는 인간은 더불어 함께해야 하는 사회적인 동물이라는 것 때문에 그렇기도 하지만, 앞서 말한 바와 같이 사람이 승리를 부르고 승리가 사람을 모으기 때문이다.

자신의 종자를 번식하고 자신이 뿌린 종자가 오래도록 살아남기를 바라는 인간의 속성으로 말미암아 관계에서도 자기 세력을 넓히고 자기 주변에 사람이 몰리도록 하는 데 애쓴다. 모든 인간의 심성이 그러하다. 그것은 인간의 본능으로, 나쁘다 좋다를 평가하는 대상이 아니다. 중요한 것은 사람들은 곳간에서 인심이 난다는 말처럼, 자신에게 이익을 주는 사람에게 호감을 보인다는 점이다. 또 사람이 승리를 부르고 승리가 사람을 모으는 것에 만족하지 않고, 더 많은 사람을 모으고 더 큰 승리를 이루기 위한 욕망에 사로잡혀 있는 것이 바로 인간의 본능적 욕구라는 점을 알아야 한다.

그러므로 오래도록 좋은 관계를 형성하기 위해서는 기본적으로 동반성장과 상생에 필요한 힘을 지니고 있어야 한다. 나약하고 약해 빠진 사람과 오래도록 관계하고 싶은 사람은 그리 많지 않을 것이다. 잠깐 동정하고 측은지심에서 관심을 보일지는 몰라도 계속해서 좋은 관계를 유지하려 하지 않을 것은 자명하다. 그것이 인간의 본성이기 때문이다.

물론 그럼에도 불구하고 숭고한 사랑과 거룩한 희생정신으로 그

것을 초월한 사람도 있지만, 중요한 것은 우리가 사는 세상에는 그런 비범한 사람보다는 본능에 충실하게 사는 사람이 많다는 것이다. 순수한 사랑과 맑은 영혼이 어울리는 사회가 아니라 서로 자신이 이익을 추구하려는 사람이 많은 곳에서 살고 있다는 점을 망각하지 말아야 한다.

이 점에 비춰 볼 때, 좋은 관계를 지속적으로 유지하는 좋은 길은 지식과 자본이 부(富)의 기준이 되는 이 시대에 두 가지를 모두 가지고 있으면 더할 나위 없이 좋겠지만 최소한 그중 어느 하나라도 지니고 있어야 한다. 그것도 상대방이 부러워할 정도로 말이다. 그래야 이익을 탐하고 생존과 번식의 본능에 충실한 인간의 본능에 구애받지 않고 심적·육체적으로 넉넉하고 여유 있는 생활 속에서 염치나 체면을 생각하는 좋은 관계를 지속적으로 유지할 수 있다는 점을 명심해야 한다.

사노라면 많으면 많을수록 좋은 것도 있고, 적으면 적을수록 좋은 것도 있다. 또 너무 과하면 오히려 독이 되는 경우도 있고, 모르는 것이 약이라고 아예 없는 것이 이로운 경우도 있다. 그런 가운데에서도 가장 효율적이고 효과적인 것은 적정함이고 적당함이다. 지나치거나 모자라지 아니하고 한쪽으로 치우치지도 않는 중용(中庸)의 상태가 좋다는 것이다.

그래서 많은 사람들이 더도 말고 덜도 말고 중간만 하는 것을 선호한다. 어느 한쪽을 좋아하면 다른 한쪽에서 시기와 질투가 생기게 되고, 어느 한쪽만을 편애하면 다른 쪽에서 반감을 불러일으키기 때문이다. 또, 자신이 어느 무리에 있어도 자신은 중간 이상이고 최소한 중간은 해당한다는 생각을 하고 있다.

사람을 사귐에 있어서도 중용을 유지하는 것은 참으로 중요하다. '유능제강(柔能制剛)'이라는 말이 있듯이 강함보다는 부드러움이 때로는 강한 힘을 발휘하는 경우가 있다. 중간을 한다는 것은 바로 유연함을 의미한다고 볼 수 있다. 경우에 따라서는 코에 걸면 코걸이 귀에 걸면 귀걸이처럼 이현령비현령(耳懸鈴鼻懸鈴)이라서 줏대 없고 부화뇌동해서 믿음이 가지 않는다고 혹평을 할 수도 있지만, 오래도록 길게 자리를 유지하는 사람은 대부분 중도파다.

특별히 잘하는 것도 아니고, 그렇다고 뭐라 꼭 집어 잘못한 것도 없는 경우가 바로 중도(中道)이고 유연함이다. 사람과 사람 간의 관계에서 유연해야 하는 것은 서로가 갈등이 초래되어 관계가 악화될 수도 있는 상황에서다. 어떠한 선택과 결정의 결과가 서로 간의 관계에 부작용을 초래하고 갈등을 일으키는 경우라면, 차라리 중간을 유지하는 것이 좋다. 이도 저도 아닌 침묵이 바로 중간을 유지하는 것이다.

A와 B의 다툼에서 누구 편을 들어야 하는 경우, 엄마가 좋은지 아빠가 좋은지의 선택에 있을 때 등 극단으로 치닫지 않고 어느 정도 중간에서 여지를 남겨 두는 것이 중간을 유지하는 비결이다. 결코 간에 붙었다 쓸개에 붙었다 하듯 관계를 하는 것을 지양(止揚)해야 한다. 즉, 어떤 날은 A에게 붙어서 A편을 들었다가 또 어떤 날에는 B에게 붙어서 B편을 드는 행실이 중간이 아니라는 것이다. 또

같은 사실을 이야기하면서 A에게는 A라는 말을 하고 B에게는 B라는 말을 해서 자신에게 유리한 방향으로 이야기를 하는 것도 중간이 아니다.

내가 말하는 관계에서의 중간은 어느 정도 침묵의 상태를 말한다. '정중동(靜中動)'이라는 말이 있듯이 소리 없이 세상을 움직인다는 말처럼 그냥 중간에서 좋고 싫음을 내색하지 않고 원만하게 중간을 유지하는 것을 의미한다. 이렇듯 관계에서 중간을 유지하면서 상황에 따라서 많으면 많을수록 관계가 깊어지는 것에 대해서는 많이 하고, 반대로 적으면 적을수록 관계가 좋아지는 것에 대해서는 적게 해야 한다.

그렇다면 좋은 관계를 유지하기 위해서 적어야 하는 것은 무엇이고 많아야 하는 것은 무엇인가? 관계하는 상대가 처한 TOP(Time, Occasion, Place)에 따라 수없이 많을 것이다. 그중에서 가장 대표적으로 많아야 하는 것은 정(情)이고 적어야 하는 것은 불신이다. 또 두 가지 감정이 상반되어 한 가지가 많아지면 반대쪽 감정이 상대적으로 줄어드는 감정들이 있다. 그 대표적인 것이 바로 불신과 미움이고 믿음과 다정이다.

"이화(梨花)에 월백(月白)하고 은한(銀漢)이 삼경(三更)인 제 일지춘심(一枝春心)을 자규(子規)야 알냐마는 다정(多情)도 병(病)인 양하여 잠 못 들어 하노라."는 이조년의 시조 중 마지막 시구인 '다정도 병(病)인 양한다'는 말이 있다. 다정한 것이 너무 다정함이 넘치기에 그것도 병인 것 같더라는 말이다. 사랑에 빠지면 사랑병에 걸리고,

보고 싶은 마음이 간절하여 오히려 상사병이 걸리는 것과 같이 집착이 아니고 스토커가 아니라면 사랑과 우정과 인정이 함축적으로 담겨 있는 정(情)이라는 것을 상대방에게 많이 주면 줄수록 좋은 관계가 유지된다.

자신을 좋아하고 사랑하고 아껴 주는 사람을 싫어할 사람은 없다. 또한 그럼에도 불구하고 어떠한 경우에도 무한 신뢰를 보내 주는 사람에게 호감을 보이지 않을 사람은 없다. 이처럼 관계에 있어서 많으면 많을수록 좋은 것은 정(情)과 신(信)이다. 믿음과 따스한 정은 많으면 많을수록 좋다.

이에 반하여서 적으면 적을수록 좋은 것은 불신(不信)과 미움이다. 상대를 미워하는 마음은 털끝만큼도 없는 것이 좋다. 또 상대방을 의심하는 마음 역시 티끌만큼도 없는 것이 좋다. 서로의 관계가 악화되는 계기가 되고 서로가 파국(破局)으로 치닫는 가장 근본적인 원인은 미움과 불신에서 비롯되는 경우가 많다. 천지개벽에 준하는 큰 사건사고로 인해서 관계가 악화되기보다는 먼지 하나 정도에 달하는 아주 미미하고 사소한 것이 원인이 되어서 관계가 깨지는 경우가 많다.

혹자는 미워하는 마음이 더해서 그것이 사랑으로 승화된다고 말을 하기도 한다. 하지만 그것은 동화나 드라마에서나 가능한 것이다. 실제로 사람과 사람이 관계하는 데에서는 통하지 않는 논리다. 그러므로 관계는 그냥 만들어 지는 것이 아니라 쌓아 가는 것이라는 점을 생각하면서 서로 정을 쌓고 믿음을 쌓는 데 주력해야 한다. 그 탑은 어느 한 사람이 쌓아도 되는 탑이다. 반드시 둘이 쌓지 않아도 된다.

상대방이 미움과 불신으로 대해도 자신만이라도 올곧게 다정도 병인 양하는 마음으로 정(情)의 탑을 쌓고 그럼에도 믿어 주는 마음으로 신(信)의 탑을 쌓는다면, 그것이 하나되어 언젠가는 서로의 관계에 정신적 우상이 되는 정신(精神)의 탑이 될 것이다.

10

적정하게 긴장해야
오래 소통한다

마음을 터놓고 허심탄회(虛心坦懷)하게 소통하는 것이 좋은 소통이라고 생각하는 사람이 많다. 물론 진심으로 거짓 없이 소통하는 것은 좋다. 마음을 감추지 않고 진실되이 속내를 드러내 놓고 대화하는 것이야말로 진정한 소통이라고 할 수 있다. 하지만 그런 것도 좋지만, 좋은 관계를 오래도록 유지하기 위해서는 적정한 거리를 유지하는 것이 더 좋다. 부부 사이도 마찬가지다. 특히 친한 관계일수록 그 적정한 거리를 유지하는 것이 서로가 서로에 의해서 마음에 상처를 주고받는 사고를 미연에 방지할 수 있다.

'사람의 마음은 앉고 싶으면 눕고 싶고 누우면 자고 싶어 한다'는 말이 있듯 사람 간의 관계가 바로 그러하다. 말을 터놓고 허심탄회하게 지내면 좋은데, 그런 것이 오랜 기간 습관이 되면 서로가 서로의 마음에 상처를 주는 경우가 생긴다. 너무 허물이 없던 나머지 자신도 모르게 오버하게 되고, 그로 인해 하지 말아야 하는 말을 하고 내뱉지 말아야 하는 욕설과 고성이 오가는 경우도 발생한다.

'고삐 잡으면 말을 타고 싶어 한다'는 말이 있듯이 사람의 욕심은 한이 없다. 그래서 '처음처럼'이라는 말이 만고불변의 진리로 회자되는 것 같다. 무엇이든 처음에 마음을 먹은 바를 계속해서 유지하고 그것을 끝까지 유지하기는 어렵다. 작심삼일이라는 말이 있듯 시간이 지나면 지날수록 그러한 결심이 약해지는 것이다. 왜냐하면 사람의 뇌는 계속해서 반복하는 것을 제일 싫어하고, 또한 새로운 것을 적응하는 3일간은 어느 정도 신비감을 느껴서 호기심에 어린 태도를 보이다가 3일이 지나면 언제 그랬냐는 식으로 일상화되는 경향이 있기 때문이다. 그러므로 어느 정도 긴장하는 관계를 유지해야 한다.

상대를 너무 쉽게 생각하거나 우습게 생각하지 않을 정도의 신비감은 어느 정도 유지해야 한다. 너무 허심탄회하게 속내를 전부 아는 투명한 사이일수록 더욱더 조심해야 한다. 자칫 말해서는 안 될 말, 행해서는 안 되는 행동을 하게 됨으로써 상대방의 역린을 건드리고 상대방의 아킬레스건을 건드려서 상대의 마음에 깊은 상처를 낼 수도 있기 때문이다.

그러므로 사람과 사람 간의 관계에는 적정한 긴장감이 있어야 한다. 마음의 벽을 허물고 호형호제하면서 개구쟁이 소꿉친구처럼 지낸다면 더할 나위 없는 사이겠지만, 실제로 사회생활을 함에 있어서 관계를 오래도록 지속하는 사람들은 대부분 적정한 거리를 유지한다. 사람이 너무 멀리 있어도 상대방에게 관심을 갖지 않지만, 너무 가까이 있어도 등잔불이 어둡다는 말이 있듯이 그 소중한 사람에 대한 존재감을 오히려 느끼지 못하는 경우가 있다. 그래서 어느 정도 긴장감이 필요하다는 것이다.

상대의 기분을 고려하지 않고 자신의 기분에 의해서 막가파 식으로 대하는 우를 범하지 않기 위해서는 서로가 서로를 어느 정도 경계하는 태도를 보여야 한다. 정치를 함에 있어서 가장 큰 배신감을 안기는 사람이 가장 최 측근에 있는 사람이라는 점을 알아야 한다. 실제로 잘 모르거나 신비감을 느끼는 사람은 적이라고 해도 섣부르게 잘 접근하지 못한다. 하지만 최 측근에 있는 사람, 혹은 가장 친한 사람은 자신에게 손해가 된다고 생각하거나 자신의 적이라고 생각하는 순간 아주 무서운 적으로 돌변하기 마련이다.

그래서 역사를 보면 대부분의 군주들은 가장 친한 사람의 배신에 의해서 최후를 맞이하는 경우가 많다. 그러므로 자신이 가장 아끼고 사랑스럽고 오래도록 관계를 유지하고 싶은 사람이라고 생각한다면, 서로가 조심하면서 적정한 긴장감을 유지하는 것이 좋다. 그래야 서로의 관계가 극단으로 치닫는 우를 피할 수 있다.

아울러, 친한 사이일수록 서로가 진실되이 마음을 다해서 대하되 공과 사를 확실하게 구별해야 한다. 둘만의 사적인 관계를 공적인 일로 연계되지 않도록 공적인 일과 사적인 일을 구분해야 한다. 항상 선공후사(先公後私)의 마음으로 서로가 서로의 역할을 다하며, 공적인 역할을 먼저 하도록 하고 사적인 역할은 나중에 돌아봐야 한다.

또 공적인 관계가 사적인 관계에 영향을 미치지 않도록 공과 사를 아주 명확하게 해야 한다. 그래야 차후에 뒤탈이 없다. 그렇지 않고 물에 술을 탄 듯 술에 물을 탄 듯이 말하고 행동한다면, 그로 인해서 결정적인 순간에 낭패를 보는 경우가 발생된다는 점을 명심해야 한다. 특히 조직생활을 하는 경우에는 위계질서라는 것이 있기 때문에 더욱 그러하다.

조화와 질서와 균형을 제일의 요건으로 하는 단체생활의 속성상 그러한 제일 요건을 유지하기 위해서는 적정한 긴장이 필요하다. 적정한 긴장은 개인과 개인간의 관계뿐 아니라 조직과 조직간의 관계에서도 어느 정도 활력을 주는 요소가 되기도 한다. 어떻게 생각하면 사람 간의 관계와 기업 간의 관계에서 적정한 긴장감을 유지한다는 것은 서로가 서로에게 예의를 다하고 상도덕을 잘 지키는 것을 의미하기도 한다. 따라서 기본과 원칙을 어느 정도 준수하면서 생활한다고 볼 수 있다.

또, 서로가 서로를 어느 정도 의식을 하고 있는 것으로도 볼 수 있다. 서로가 서로를 의식한다는 것은 서로가 서로에게 조심한다는 것을 의미하는 것이기도 하고, 긍정적으로는 서로가 서로에게 관심을 가지고 있다는 뜻으로 해석할 수도 있다. 한편으로는 긴장한다는 것은 서로가 서로에게 그 긴장감에 상응하는 정도의 거리감을 가지고 있다고 볼 수도 있다.

서로가 마음을 터놓고 지내는 것도 강점과 약점이 있기 마련이다. 또 서로가 어느 정도 거리를 유지하는 것에도 어느 정도 장단점이 있기 마련이다. 주어진 상황과 환경에 따라서 취사선택을 하는 것이 바람직하지만, 가장 이상적인 경우는 상대방이 어떤 것을 선호하냐는 거다. 상대방의 성향에 맞춰 처신을 하는 것이 가장 바람직할 것이다.

또한 서로의 관계가 공적인 석상에서 맺어진 것이고 서로가 공적인 석상에서 자주 접해야 하는 경우이고 공적인 지식과 정보를 공유하는 사이라면, 특별히 적정한 거리를 유지하는 것이 좋다. 하지만 서로가 공적인 연관성이 전혀 없이 오로지 사적으로 연결된 관계라면, 당연히 진솔하고 허심탄회하게 대화를 나누는 것이 좋다.

중요한 것은 서로가 상대방을 배려하고 상대방을 위하는 마음에서 진솔하고 진정성을 다해서 대화를 하고, 진정으로 거짓 없고 꾸밈없이 말을 한 것에 대해서 상대방이 그러함을 진솔하게 받아들여야 한다는 점이다. 즉, 진솔한 마음으로 소통을 하려는 과정에서는 진정성 있다는 점을 전달하는 입장에서 진솔한 태도를 보여야 하는 것이 우선이라는 것이다. 그래서 어느 정도의 긴장감을 유지하는 것이 좋다. 받아들이는 입장에서 오해를 하지 않도록 해야 하는 것

은 물론이며, 상대에게 간혹 기분이 상하지 않는 태도와 언행을 더
해서 이야기 하는 것이 좋다는 것이다. 그것이 바로 적정한 긴장을
유지하는 비법이다.

오래가는 마음으로

"오래가는 소통"에 대한 책을 탈고하고 나서 제일 먼저 떠오르는 것이 바로 내 자신에 관한 것이다. 진정으로 내가 내 자신을 사랑하고 있는가에 대해 의구심을 갖게 됐다. 이 책을 쓰는 내내 독자들에게 하고 싶었던 말이 결국은 내 자신에게 하고 싶었던 말이라는 점을 발견하는 순간, 온몸에 전율이 일었다. '아하! 그래서 많은 작가들이 힘들어도 이렇게 책을 쓰는구나.' 하는 생각을 하게 됐다.

실제로 책을 쓰는 과정에서 독자들보다 내가 더 많은 것을 알게 됐다. 그간에 알고 있는 것이라 여겨 읽지 않았던 커뮤니케이션 기초부터 사람 심리에 대한 것과 성격 유형에 대한 것 등 소통과 관련

된 수백 권의 책을 읽을 수 있는 계기가 됐고, 실제로 다른 사람과 관계를 하면서 나는 어떠하고 다른 사람들은 어떻게 관계를 유지하고 있는가에 대해서 많은 연구를 하게 됐다.

그러면서 특별히 느낀 점이 있다면, 사람과 사람 간의 관계는 고단수의 전략과 고급의 커뮤니케이션 스킬이 아니라 어린 아이처럼 순박하고 진실된 마음과 어린아이 눈동자처럼 맑고 티 없이 바라보는 그 눈빛만 있어도 모든 것이 통한다는 것이다. 즉, 너무 복잡하게 머리 굴리지 말고 온전히 상대방에게 진정을 다하고 자연스러운 관계가 되어야 오래간다는 사실이다.

결국은 마음의 문제다. 서로에서 서로를 생각하는 마음의 공간이 있어야 한다는 것도 느꼈다.

그간에 얼마나 많은 사람들과 관계를 해 왔던가? 그간에 얼마나 많은 사람들과 대화를 해 왔던가? 매년 200회 이상의 강의를 하면서 평균 30명씩 연간 6,000명에 달하는 사람들과 강의장에서 함께했지만, 그 모든 사람을 기억하지 못하고 있다. 또 그 많은 사람들 중에서 오래도록 관계를 유지해 오고 있는 사람은 기껏해야 제자 몇 명뿐이다. 이제는 많은 사람들을 만나고 수많은 사람들과 대화를 하는 것에 치중하기보다는 어떻게 하면 오래도록 관계를 유지할 수 있을까에 초점을 두고 관계를 해야겠다는 생각을 하게 된다.

사람을 소중하게 생각하는 사람은 한 번의 인연을 영원으로 만들고 그렇지 않은 사람은 영원한 인연을 순간의 인연으로 버린다는 말이 있는데, 이제껏 그런 삶을 살아온 것은 아닌가 하는 반성이 든다. 〈논어〉에서 공자는 남이 나를 알아주기를 바라고 원하기보다는 내가 먼저 남에게 인정받을 만한 자격이 있는가를 돌아보라고 말하는데, 실제로 나는 어떠했는가를 생각하게 한다.

많이 아는 것도 중요하지만, 무엇보다 조금 사귀더라도 오래도록 함께하는 사람이 있어야 한다. 오래도록 소통한다는 것은 서로가 오래도록 함께한다는 것을 의미한다. 가능한 서로에게 소중하고 귀한 사람이 되어야 한다. 많이 알려고 하거나 새로운 친구를 사귀고 더욱 좋은 사람을 만나려고 애쓰기보다는 현재 내 곁에서 나와 함께하는 몇 명 안 되는 소규모의 사람일지라도 그들과 오래도록 서로가 관계할 수 있는 방법을 찾아서 소통을 하는 것이 참다운 소통이 아닌가 하는 생각을 해 본다.

대부분의 소중한 것은 항상 자신의 곁에 있는 것이다. 귀하고 고귀하고 소중한 것이 바로 내 곁에 있는데 그런 보석을 발견하지 못하고 멀리서 파랑새를 찾고 있었던 것은 아닌지, 혹은 자신은 노력도 하지 않고 오래도록 소통할 수 있도록 상대방에게 노력하라고 권유한 것은 아닌지, 자신은 상대와 오래갈 수 있도록 전혀 티끌만큼도 노력을 하지 않고 자기만 타인이 그런 노력을 안 한다고 불평을 했던 것은 아닌지 돌아보게 한다.

이 책을 쓰고 나서 제일 많이 알게 된 것은 남과 오래도록 사랑하고 소통을 하기 위해서는 자신이 자기 자신과 먼저 오래도록 소통해야 한다는 점이다. 그리고 그것을 기반으로 그 안에 타인의 마음을 받아들이려고 애쓰기보다는 자신이 타인의 마음 안으로 들어가려는 노력해야 한다는 것을 알게 됐다.

이 책을 쓰고 나서 모든 문제는 내가 내 안에서 찾으려는 관점으로 생각의 관점을 바꾼 것처럼, 이 책을 접한 독자님들도 서로가 오래도록 관계하기 위해서는 타인이 노력해야 하고 관계가 나빠지는 것은 모두 타인의 문제로 치부하던 것을 이제는 자신의 문제로 관점을 바꾸고, 타인이 자신에게 다가오기를 기다리기보다는 자신이 지위고하를 막론하고 자신이 먼저 상대방에게 먼저 다가가는 관계의 통로를 더욱 실크로드로 열어 가기를 바란다.

오래가는 소통을 디자인하는
작가 이경진 드림

참고문헌

1. 공자처럼 학습하라_손기원 지음_ 새로운 제안

2. 거절의 기술_헤드비치 켈러 지음. 염정용 옮김_교보

3. 지면서 이기는 관계술_이태혁 지음_위즈덤 하우스

4. 소통의 비책_이남훈 지음_팬덤하우스

5. 처음에 반하게 하라_이동영 지음_ 위즈덤 하우스

6. 커뮤니케이션 불변의 법칙_ 강미은 지음_ 원앤원북스

7. 이기는 커뮤니케이션_ 데이빗 어코드 지음. 김정남,김욱영 옮김_ 이상

8. 대화의 심리학_더글러스 스톤 외 지음. 김영신 옮김_21세기북스

9. 중년이여 자신의 이름을 찾아라_김해원지음_책과 나무

10. 마음을 얻는 기술_레일라운즈 지음. 이민주 옮김_ 비즈니스북스

11. 사람을 얻는 기술_ 레일 라운즈 지음. 임정재 옮김_오란도

12. 사람을 다루는 기술_미래경제연구소

13. 사람이 따르는 말 사람이 떠나는 말_하구치 유이치 지음 홍성민 옮김_대
    교베텔스만

14. 잡담이 능력이다_ 사이토 다카시 지음. 장은주 옮김_위즈덤하우스

15. 번아웃_크리스티나 베른트 지음. 유영미 옮김_시공사

16. 나는 읽는 대로 만들어 진다_이희석 지음_고즈원